JN275169

見直そう子育て
たて直そう生活リズム

リズムとアクセントのある生活を求めて

佐野勝徳・新開英二

エイデル研究所

はじめに

　未来に夢も希望も持てない、そんな子ども社会になってしまったのでしょうか。生まれ育つ子どもたちに豊かな社会を継承することができるのでしょうか。乱気流の中に大人も子どもも巻き込まれてしまっているように見えます。乗り越えることのできないほどの障壁に閉じ込められてしまっているのではないかと悲観的になったりもします。

　あの神戸児童連続殺傷事件、中学2年生が犯人だと聞かされて、日本中が、暗く沈んでしまいました。そして平成15年の今、再び悲しい事件が起きました。12歳の中学1年生による幼児殺害事件です。

　「事件の中の子どもたちは、学校の中の暴力行為や学級崩壊現象の中の子どもたちと本質においてあまり変わらない。問題のない子どもたちも、学校の中での暴力行為や学級崩壊の中心になっている子どもたちと大きく違わない」(村山士郎「なぜ『よい子』が暴発するのか」大月書店、2000)といわれているほどです。こんな時代ですから、この子は大丈夫なのだろうか、こんな子育て・保育・教育でいいのだろうかと不安を抱いている保護者・先生方は多いと思います。文部科学大臣でさえそう発言するほどですから、不安は募る一方です。

　しかし、ここに来て、一筋の光が見えてきました。最近の心理学や最先端の脳科学研究がその解決の糸口を見出し始めました。まず、子どもたちの脳のはたらきがおかしいことが分かってきました。分かりやすく言えば「我慢できずに、すぐキレる脳」になっているということです。具体的には、最も高次な中枢である大脳新皮質の前頭葉、とりわけ行動をコントロールする役割を担っている前頭葉の一部である「ブロードマンの46野」のはたらきが低下しているのです。

　これらの分野、つまり心理学や脳科学分野の研究は、さらにこれを一歩進めて、子どもの前頭葉機能の低下をもたらした原因も明らかにしようとしています。このように書きますと、難しいことのように思われるでしょうが、決してそうではありません。結論は、比較的簡単なことです。それは「当たり前の生活」、「当たり前の子育て」を取り戻すことです。そのことを全ての基本におくことです。その当たり前の生活に支えられた子育て・保育・教育を行うことによって、大脳がバランスよく育ち、9歳ごろまでに前頭葉が本来の機能を発揮

できる脳として発達するのです。「我慢できる、キレない脳」が出来あがるのです。

　私たちが「当たり前の生活・子育てを取り戻す」ことの重要性を最初に研究論文として公表したのは20年前です（佐野他『生育歴から見た登校拒否の発生要因とその予防法』、児童青年精神医学とその近接領域、1984）。そこに述べたことが今、心理学と脳科学の実験的研究によって、より科学的に実証されてきたと実感しているところです。

　ところで、どんな生活、どんな子育て・保育・教育が、当たり前と言えるのでしょうか。悲しいことですが、今の社会で「当たり前」と思われていることの多くが、実は「当たり前」ではないのです。ここが大問題です。

　私たちのいう「当たり前」は「大人たちと子どもたちのかかわりに支えられた親子の関わり（複合的人間関係）、早起き・早寝、ご飯とおかず（おかずとは「品数が多い」と言う意味）と味噌汁の日本食、ガキ大将のいる集団、手伝い・仕事」など（佐野勝徳『子育て・子育ち・生活リズム』、エイデル研究所、1986）です。前頭葉研究の第一人者である北海道大学医学部の澤口俊之教授も「脳の発達に望ましい環境とは、大家族、近所のガキ集団、納豆と魚などの和食など、多くは日本のかつての生活である」（中日新聞主催「教育セミナー」、2002）と指摘しています。

　しかし、今は多くが核家族です。近所に子どもが少なくなっています。超少子高齢社会です。「昔の生活を取り戻せ」といっても、無理があります。何の解決にもなりません。加えて、昔は「当たり前」と言われていたことが、実は間違っていることも多いのです。そういったことも視野に入れた上での「当たり前」とご理解下さい。

　本書は、「今に生きる人々が誰にでもできる当たり前の子育て」について、理論と実践の両面から分かりやすく述べたものです。「現代版『当たり前子育て』の書」といってもよいかもしれません。

　第1章では、主に統計資料に基づいて子どもの実態について述べています。第2章と第3章が理論編です。第2章は、心理学、生理学、脳科学などにおけるこれまでの研究成果に裏打ちされた内容になっています。第3章は、生活リズムと子どもの育ちに重点をおいて述べています。

　第4章以下は実践編です。第4章は「1日24時間の生活の仕方」を誰にでも取り入れられるよう、具体的に述べたものです。これが、私たちが考えている「当たり前子育て」の実践例です。第5章は、子育ての中身をより豊かにするために、みなさんがすぐにでも活用出

来る内容にしました。明日からと言わず、是非今日から実践していただきたいと願います。

　本書の出版に当たり、研究仲間でもある、吉岡誠起さん、児玉陽介さん、長谷川千寿さん、西山智子さんをはじめ、佐野ゼミの卒業生・大学院生・学生のみなさん、20年近く保育について学びあってきた西光寺保育所（高松市、三浦教尚所長）のみなさん、そして、吉橋成治さん、岡田敦子さんに支えられ、本書を完成させることが出来ました。心から感謝します。

　2003年8月吉日

佐野　勝徳

新開　英二

CONTENTS

第1章　子どもたちは今 —————— 9

不登校に苦しむ子どもたち ————— 9
広がりをみせる少年非行 ————— 11
戦後最高に達した校内暴力 ————— 13
いじめ・学級崩壊など ————— 13
「普通の子」「よい子」に潜む深刻な問題 ——— 14
閉塞感ただよう保育・教育政策 ————— 15

第2章　子育てと子育ちのバランス —————— 17

先行研究に学ぶ ————— 17
早期教育に関する研究から ————— 19
「よく遊び手伝いもよくしている子」は「キレ」にくい ——— 21
「捨て育て」に学ぶ ————— 26
「子どもらしい子」「大人らしい子」 ————— 27
子どもの脳がおかしい ————— 28
当たり前の生活のすすめ ————— 33
子どもの発達の道筋 ————— 35
バランスのとれた生活の上に ————— 39

第3章　生活リズムと子どもの育ち —————— 42

生活リズムを考える前に ————— 44
ある高校の講演会に学ぶ ————— 46
眠りを科学すると ————— 47
睡眠リズムと目覚めの気分 ————— 51
寝る子を育てる成長ホルモン ————— 55
脳を目覚めさせるコルチゾール ————— 56
メラトニン ————— 59
痛みを抑制するβ-エンドルフィン ————— 62
生活リズムと体温リズム ————— 62
生活リズムと朝の食事 ————— 63
生活リズムと日中の行動 ————— 69
生活リズムからみた不登校 ————— 71

第4章　こんな生活してみませんか ── 73

　　自律起床の習慣を身につけましょう ── 73
　　夏は6時、冬は6時半に起きる習慣を ── 74
　　早朝散歩のすすめ ── 75
　　朝食はたっぷり ── 76
　　うんちをしてから出かけよう ── 76
　　午前中は手を使った遊びを ── 76
　　昼寝をして、戸外で遊ぶ（幼児の場合） ── 77
　　子どもに役割を持たせる ── 77
　　リラックスタイムをつくる ── 78
　　リズムとアクセントのある生活 ── 79
　　心と心の向かい合い ── 79

第5章　子育ての中味を豊かにするために ── 81

　　本当に問題化してきた学力の低下 ── 81
　　「教えられること」に慣れすぎた日本人 ── 82
　　子どもを蝕む文明の利器 ── 83
　　モデルなき、出番なき、見せ場なき家庭環境 ── 85
　　子どもは変わらないが、子どもを変えてしまった ── 86
　　本のある生活を大切に ── 87
　　どんな本がいいのかな？ ── 88
　　習慣が人格をつくる ── 88
　　活字情報には深さがある ── 89
　　物語絵本は母親が ── 90
　　皇后さまも、本が育児不安を助けてくれた ── 90
　　科学絵本は父親が ── 91
　　子どもに読んであげたい科学絵本 ── 92
　　どんなわらべうたがいいのかな？ ── 97
　　どんなおもちゃがいいのかな？ ── 135

第1章
子どもたちは今

　長崎の中学1年生（12歳、男子）が、幼児を殺害するという痛ましい事件が、また起きてしまいました。「日本の子どもが危ない」、そんな状況が今も続いています。1997年5月の神戸児童連続殺傷事件、翌年1月の女性教師刺殺事件以来、「キレる」少年による凶悪事件があとを絶ちません。そして、この長崎の事件です。小学校低学年から始まった学級崩壊や中学生の校内暴力も深刻です。こうした事件や問題が発生するたびに、「あんなよい子が」とか「どこにでもいる普通の子が……信じられない」と誰もが言います。長崎の中学生も「おとなしい、真面目で優秀な生徒」と報道されています。

　「事件の中の子どもたちは、学校の中の暴力行為や学級崩壊現象の中の子どもたちと本質においてあまり変わらない。問題のない子どもたちも、学校の中での暴力行為や学級崩壊の中心になっている子どもたちと大きな違いがない」（村山士郎、前掲）と言われているほどです。なぜ「普通の子」や「よい子」が簡単にキレて、衝動的な事件を起こすのでしょうか。学級崩壊などの発生原因はどこにあるのでしょうか。子どもは昔と変わってしまったのでしょうか。文部科学省も危機感を抱いています。そこで、まずはこれまでの統計資料等を参考にしながら、青少年問題の推移を概説します。

不登校に苦しむ子どもたち

　何らかの心理的理由によって学校に行けなくなる状態のことが研究者の間で問題視されはじめたのは、アメリカでは1941年（昭和16年）、我が国では1953年（昭和28）からです。当時は、「怠学」とか「学校恐怖症」と呼ばれていました。その後、「学校嫌い」、「学校拒

否」、「登校拒否」などの用語が使われましたが、最近では、「不登校」という言葉が一般的に用いられるようになっています。文部科学省でも、長年「学校嫌い」としてきましたが、今では「不登校」を正式に用いています。文部科学省は、1966年度から「学校基本調査」の中に「長期欠席児童・生徒」（1年間に連続、または断続的に50日以上欠席した者）の項目を設け、その1つに「何らかの心理的・情緒的あるいは社会的要因・背景により、児童生徒が登校しない、あるいはしたくともできない状況にあること（ただし病気や経済的な理由によるものを除く）をいう」との定義で「不登校」（当時は「学校嫌い」）の全国調査を毎年実施しています。平成3年度からは、「30日以上欠席した者」の調査も行うようになりました。

　この調査によりますと、1966年度には小中学生あわせて、16,716人が不登校状態で学校を長期に欠席しています。その後徐々に減少し、1974年度は9,961人でした。しかし、その翌年から再び増加傾向になり、1980年頃からは加速度的に増加し続けています。1988年度の新しい教育指導要領以後も増加の一途をたどっています。年間30日以上学校を欠席した不登校児童生徒数を1993年（平成5年）と2001年（平成13年）とでみますと、小学校では、14,769（全国の全児童に対する不登校人の割合：0.17％）から、26,511（0.36％）に増えています。中学校では60,039人（1.24％）から112,211人（2.81％）に達しています。この間、少子化に伴い、児童生徒数は200万人以上減っていますので、不登校の割合は8年間で実に2.2倍になっていることになります。

　2002年度になって、初めて不登校数が減少しました。共同通信は、「2002年度に年間30日以上欠席して『不登校』とされた小中学生は13万1,211人と前年度から7,511人減少したことが、文部科学省の学校基本調査で分かった。統計方法は異なるが、1975年度以来、一貫して増加し続けてきた不登校が28年ぶりに減少に転じた。文科省は『依然、憂慮すべき状況』としながらも『スクールカウンセラーなどの相談体制や不登校の子に対応する適応指導教室の充実などが成果として表れた』とみている。しかし、教室に入れない『保健室登校』なども出席扱いで、実態を反映していないと指摘する声もあり、今後も減少傾向が続くかどうかは不透明だ」、と伝えています。今後も不登校で苦しむ子どもたちが少なくなっていくことを期待しますが、今尚深刻な事態であることに変わりはありません。

広がりをみせる少年非行

　少年法が施行された1947年以降の刑法犯少年の検挙数、人口比（同年代層の人口千人当たりの検挙人数）の推移を示したのが図1です（2002年度版『青少年白書』より）。少年犯罪は、その時々の社会情勢等を反映して増減を繰り返してきています。図から明らかなとおり、4つの大きなピークが見られます。

　戦後間もない1951年（昭和26年）の第1のピークは「生活型非行」と呼ばれています。その特徴は、生活苦による窃盗などが多いこと、年長少年（18～19歳）の非行率が高いことにあります。

　1964（昭和39年）の第2のピークは、「反抗型非行」と呼ばれており、暴行、傷害、恐喝などの粗暴犯や性非行の増加、年少少年（14～15歳）による非行の増加、つまり非行の低年齢化などがその特徴となっています。

　第3のピーク（1984年、昭和59年）は「遊び型非行」と呼ばれ、この時期には一層の低年齢化が進み、初発型非行など非行の一般化と女子非行の増加などが問題となりました。そして、今は第4のピークを迎えています。図では、1998年度（平成10年度）がピークとなり、その後減少傾向に転じていますが、2001年度（平成13年度）から再び増え始めています。

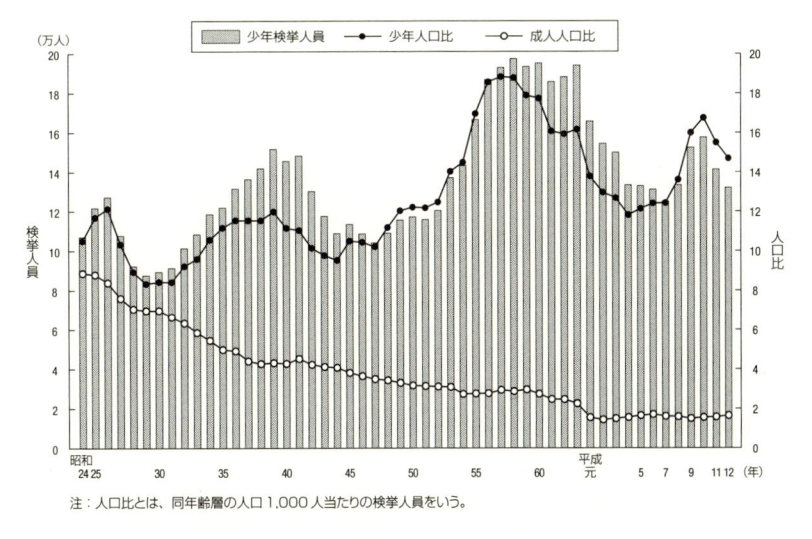

図1　非行の推移―刑法犯少年の検挙人員、人口比の推移（昭和24～平成12年）

第4のピークの特徴的傾向として、大東文化大学の村山士郎（2000）は、次の2点をあげています。その1つは「他者に向けられる攻撃が、特別関係のない他者に無差別的に、しかも短絡的・衝動的に爆発する」傾向にあることです。しかも「一度、攻撃が始まったら、止まらない・止められない形でとことん最後まで、ときに死に至らせるまで連続する」傾向が強いことです。別の言い方をすれば、キレやすく、キレるととことん他者を攻撃し続けるということになります。

　2つ目は、「犯罪に関係した少年とそうでない普通の少年との規範意識がほとんど変わらない」ことです（カギ括弧内は、村山著『なぜよい子が爆発するか』、大月書店、2000年より引用）。村山氏の指摘を裏付けるような資料があります。平成13年度警察白書は「死に至らしめる犯罪の推移」の項で「少年による人を死に至らしめる犯罪の検挙人員は統計上確認できる昭和41年（446件）から減少傾向にあったが、55年（72人）を底に、年ごとの増減は大きいもののおおむね増加傾向にあり、平成10年には284人（人口比0.031）に達しています。12年は201人となっています。人を死に至らしめる犯罪は、元来、成人の方が少年より人口比が高い類型の犯罪でしたが、平成5年以降は一貫して少年の人口比が成人を上回っています」（人口比とは、同年齢層の人口1000人当たりの検挙人員のこと）と述べています。

戦後最高に達した校内暴力

　昭和の時代にも「荒れる学校」として校内暴力が大変な問題になりました。そのピークは1983（昭和58）年です。中高で発生した校内暴力は4,315件でした。その後数年間は減少していたのですが、1989年度（平成元年）頃から増加に転じ、1996年度（平成8年度）に中高あわせて1万件を越えてしまいました（図2）。1997年度（平成9年度）からは調査方法が変わりましたので、この図には掲載しておりませんが、その後も増加の一途をたどり、1999年度（平成11年度）には3万件にまで達しています。これは戦後最高の件数です。2000年度（平成12年度）からは減少傾向を示しており、今後も減り続けてほしいものです。

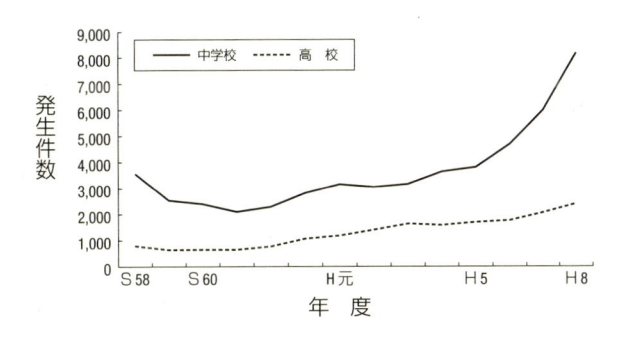

図2　校内暴力発生件数の推移

いじめ・学級崩壊など

　警察が把握している2000年度（平成12年度）のいじめ発生件数は30,918件で、ここ数年減少傾向にあるとはいえ、全国の公立学校の4校に1校の割合でいじめが発生していることを考えるとやはりまだ深刻な状況にあるといえます。
　「学級崩壊」という言葉は、1994年頃から使われていたようですが、1997年4月、東大阪市の小学校6年の学級を紹介した民放テレビが「学級崩壊」という用語を公的に使用して以来、広く一般に知られるようになったと言われています。この頃から、授業中に歩き回り、傍若無人に大騒ぎする子がいて、授業ができない学級のことが全国規模で問題になりました。昭和時代にはなかった新たな教育の荒廃現象です。非行や校内暴力・いじめなどの

問題は、最初に高校で発生し、それが中学生、小学生に広がっていくという低年齢化するのが常であったのですが、学級崩壊に関しては、小学1年生で始まり、高学年に広がる(但し中学生には広がらない)という極めて特異的な現れ方をしています。

「普通の子」「よい子」に潜む深刻な問題

青少年暴力をはじめとする、いわゆる「問題行動」の発生との関連で、先天的な要因、例えば、行為障害(例:中学生による神戸児童殺傷事件)、アスペルガー症候群(例:高校生による愛知主婦殺害事件)、ADHDなどが考えられていますが、それらはごく一部のことです。むしろ、どこにでもいる「普通の子」「よい子」に潜む問題であると捉え直さなければいけないのが実状です。考えられる発生要因は、親子関係の要因(例:幼児虐待等によるPTSD)、地域・学校の要因(例えば、少年スポーツ、教育制度)、情報化社会の要因(例えば、携帯電話、テレビ)など、様々です。おそらくこれらが複合的に作用し、問題を発生させているのであろうことは間違いないと言えます(図3)。

図3 なぜ「キレる」子どもたち

閉塞感ただよう保育・教育政策

　こうした状況に対し、文部科学省はただ手をこまねいていたわけではありません。真剣に対策を講じてきました。「受験戦争を頂点とする管理・画一的保育・教育によって子どもたちを追いつめ、その結果として非行・いじめ・不登校・校内暴力が多発した」との反省にたって、昭和50年代後半から教育改革に取り組み、臨時教育審議会や中央教育審議会を設け、その答申を受け、平成元年から新しい幼稚園教育要領、新しい小中学校指導要領による教育を実施してきました。厚生労働省の管轄である保育所も、やはり平成元年から、新保育所保育指針による保育を行うよう現場に求めてきました。昭和59年には現代の家庭教育『乳幼児期編』、以後『小学校低・中学年期編』(昭和62年)、『小学校高学年・中学校編』(昭和63年)を発行し、家庭教育を充実するよう国民に呼びかけています。

　保育所保育指針、幼稚園教育指導要領、小中学校の指導要領に共通して貫かれている基本認識は「ゆとり教育」であり「個性の尊重」です。それまでの「管理・画一的な詰め込み教育」から「個性を重視し、自ら学ぶ力を高める教育」への大転換をはかりました。保育所・幼稚園で行われている「自由保育・教育」、「子どもの自主性・創造性を大切にした保育・教育」、「環境による保育・教育」はこれらを具体化したものです。

　国民の多くは、この平成の大改革ともいえる新しい教育に大きな期待を抱きました。しかし、私たちの期待は裏切られました。少年の問題は改善されるどころか、一段と深刻になっていきました。学級崩壊という新たな問題まで発生してしまいました。学力の低下も問題となりました。首相の私的諮問機関である教育改革国民会議報告(平成12年12月)は、次のように述べています。

　「21世紀の入口に立つ私たちの現実を見るなら、日本の教育の荒廃は見過ごせないものがある。いじめ、不登校、校内暴力、学級崩壊、凶悪な青少年犯罪の続発など教育をめぐる現状は深刻であり、このままでは社会が立ちゆかなくなる危機に瀕している。日本人は、世界でも有数の、長期の平和と物質的豊かさを享受することができるようになった。その一方で、豊かな時代における教育の在り方が問われている。子どもはひ弱で欲望を抑えられず、子どもを育てるべき大人自身が、しっかりと地に足をつけて人生を見ることなく、利己的な価値観や単純な正義感に陥り、時には虚構と現実を区別できなくなっている。また、自分自身で考え創造する力、自分から率先する自発性と勇気、苦しみに耐える力、他人へ

の思いやり、必要に応じて自制心を発揮する意思を失っている。また、人間社会に希望を持ちつつ、社会や人間には良い面と悪い面が同居するという事実を踏まえて、それぞれが状況を判断し適切に行動するというバランス感覚を失っている。」

　この報告を受けて、文部科学省は、平成13年度から新しい教育要領に基づく教育を開始しました。その基本理念は、平成元年の「個性を尊重した、ゆとり教育」の一層の充実にあります。これを実現させるために、「道徳教育」、「総合的学習」、「ボランティア活動の導入」、「家庭の子育て・教育力の向上」といった非常に具体的な施策を打ち出しています。しかし、はたしてこれでうまくいくのかと疑問と不安を抱いている人が多いと聞きます。「これでは日本の子どもの未来はない。基礎学力が低下するのは目に見えている」とまで言いきる人も少なくありません。私も心配している一人です。文部科学省の方針が根本から間違っているとは思いませんが、今回の改革もやはり何かが欠けていると思います。次の章でそれが何であるかをいくつかの研究成果等の紹介を通して、その一端を明らかにしたいと思います。

第2章
子育てと子育ちのバランス

　私の研究室では、長年にわたり、大学院生や学部学生、卒業生と一緒に子ども研究を行っています。研究に際しては、先達の成果に学ぶとともに、独自の作業仮説を立て、調査と実験を行い、その結果に基づいて考察をします。得られた結果によっては、作業仮説を一般化したり、あるいはそれを修正し、再び調査実験を行ったりします。図4と図5はその一端を示したものです。

図4　子ども研究における仮説（私の場合）

先行研究に学ぶ

　私たちは、まず「生活の仕方と健康・病気」に関する労働生理学的知見に学びました。この知見は成人を対象とした疫学調査研究に基づくものです。杉靖三郎（1986）は、自身の研究や内外の研究成果に基づいて、「人々の心身の健康を考えるとき、その基本は日々の生活のあり方にある」と主張します。具体的に紹介しますので、ご自分の日常生活を思い起こしながら、読んでください。

まず、一日24時間の生活時間帯を「拘束時間」、「半拘束時間」、「自由時間」および「睡眠時間」の4つに分けます。4つの時間帯を合計すると24時間になるように微調整をします。「拘束時間」は、会社などで仕事をしている時間です。「半拘束時間」は、出かける前の身支度とか、通勤時間、家事に要する時間などです。あまり気兼ねせずに自由に過ごせる時間が「自由時間」です。趣味のゴルフや散歩、読書などがここに入ります。ただし、会社の接待ゴルフなどは、ここには入りません。「睡眠時間」は文字通り「眠っている時間」です。次に前者2つの時間を合計して「拘束・半拘束時間」とし、残り2つを合わせて「自由・睡眠時間」とします。出来れば、5年前・10年前はどうなっていたかを思い出してください。

　杉靖三郎（1986）は、ドイツの有名な労働生理学者レーマンのサラリーマンを対象とした大規模な疫学調査の結果を引用して、「拘束・半拘束時間の方が自由・睡眠時間より長い生活を長期にわたり送ってきた者は、そうでない者に比べ、自律神経失調症、胃潰瘍、うつ病、種々の精神疾患、深刻な癌も含め、病気に罹患する割合が、統計的にはっきりと有意に高い」と述べています。

　様々な健康食品、健康器具などが開発され、医療技術が高度に進歩している現代社会にあって、「何だそんなことか」と思われる方が多いかもしれません。しかし、私はこの知見に大変感銘を受けました。そして、この視点、つまり「バランス」あるいは「生活におけるリズム」といったことを子育ての研究に取り入れ、加えて大脳の発育との関係等を明らかにしたいと考えました（図5）。心理学者の多くは、例えば、不登校の原因を短絡的に親子関係に求めたり、学校の管理主義教育に求めたりといった具合に、一点突破的にその原因を明らかにしようとします。確かに、親と子の関係は大切ですし、教育の在り方も改善しなければなりません。しかし、その前に「子どもの成長と発達に欠かせない基本は何か」をはっきりと見定めなければならないのではないでしょうか。

図5　バランスのとれた生活と脳の発育

早期教育に関する研究から

　いきなりですが、漢字テストです。次の魚辺の漢字、いくつ読めるでしょうか。「鱈、鰍、鰈、鱛」。今度は漢字に直すテストです。「そううつ、ざんげ、サンゴ、コーヒー、びんせん」。いくつ出来ますか。大人でも難しいこんな漢字が読めたり書けたりする幼児がときどきテレビに出ています。ご覧になった方も多いと思いますが、早期教育を受けた子どもたちです。ここでいう「早期教育」とは、就学前の乳幼児に、小中学校で習う算数・数学・国語などを教える教育のことです。漢字だけではなく、教え方次第で、乗除加減はもとより、分数や中学校で教える因数分解も解けるようになります。

　私自身、そうした能力を身につけた子どもたちにたくさん会ってきました。会って話をしてみますと、ほとんどが「普通の子」に感じられます。そういう現実を見せつけられますと、「我が子にもやらせたい」と思う親がいても何の不思議もありません。

　私たちは、ある研究所から依頼を受けて、早期教育の是非に関する調査研究を実施したことがあります。1989年のことです。研究結果は、新聞・雑誌などで取り上げられ、当時教育ジャーナリストであった保坂展人氏（現社民党衆議院議員）が独自の視点から追跡調査をして、月刊誌に記事を掲載しましたので、ご存じの方がいるかもしれません。

　研究に際しての基本的な考え方はやはり「バランス」でした。もちろんそれは自由時間とか拘束時間といったものでなく、「子育て」と「子育ち（主に遊び）」と「生活リズム」の間のバランスです。調査対象は、早期教育を受けた経験があり、幼児期あるいは小学校低学年で一つ以上の科目で全国10位以内になったことがある者、あるいは幼児期に因数分解が解けていた者です。その子どもたちが、中学生、高校生あるいは大学生になってどうなっているかを追跡調査しました。常識的に考えれば、超一流大学に進学している人がいてもおかしくないと思うのですが、そういう人は、ほとんどいませんでした。何も一流大学に通うことに特別な価値があるわけではありませんので、それ自体は特に問題があるとは思いませんが、途中で挫折を経験しているケースがかなりいたのです。早期教育の弊害であるかどうかはわかりませんが、途中で無気力状態に陥り、それまでに獲得していた能力を発揮できなくなってしまったケースも一部見つかりました。

　この調査では、同時に幼少期の生活の様子についても調べました。生活リズムはどうであったか、親子の関係、勉強や読書の時間、そして遊びや自由時間などについての調査です。

まず、生活リズムですが、早期教育を受けていた子のほとんどが、早起き・早寝をしていました。とりあえずこれは合格です。またこの子たちは、早期教育を受けていなかった子に比べて絵本や本の読み聞かせをたくさんしてもらっていました。親は「楽しみながら進んで学んでいました」と回答しています。「親子で楽しく過ごしました」とも答えています。テレビ視聴時間も短いです。まさに「理想的な生活ぶり」です。順調に育っていると思っても不思議ではありません。

　ところが、この調査で、足りないものが2つありました。「友だちと遊ぶ時間」および「一人で自由に過ごす時間」が少なかったのです。

　これらのデータを子育て時間（広い意味での大人によって育てられている時間、読み聞かせ、勉強などがここに入る）、子育ち時間（遊びや自由に過ごせる時間）及び睡眠時間に分類しました。その結果、早期教育を受けていた子どもたちは、子育てが多すぎて、子育ちの時間が奪われるというアンバランスな生活を送ってきたことが明らかになったのです。

　このアンバランスの生活を乳幼児期から長期にわたり送っていたことが、後に「息切れ」とか「挫折」などをもたらせたと考えたわけです。いずれにせよ、バランスのとれた生活を送ることがいかに重要か、その一端がうかがえると思います。親や大人に育てられる子育ての時間が多すぎて、遊び・自由時間が少ないと、「賢く育つが、線の細い、受け身的で自立心の弱い子」、いわゆる「よい子」になりやすいと思われます。

　それでは、バランスがとれておれば、早期教育をしてもよいかといいますと、必ずしもそういうことにはなりません。別の問題があるからです。最初に漢字テストをしました。こんな難しい漢字を幼児にどうやって教え込むかと言いますと、例の「フラッシュカード」を使うわけです。丸（「・」をいくつか書いてあるカードで「ドットパターン」という）や漢字、ひらがな、文章などを書いたカードを「フラッシュカード」といいます。20年くらい前から幼児用教材として注目され始めたそうですが、今では「七田式の早期教育」や一部の保育園・幼稚園などでしばしば用いられています。一般の保育園とは無関係ですが、「家庭保育園」（インターネット上で検索可能）という早期教育に重きをおく会社でもこれが使われています。次々と呈示されるカードを見ているだけで、漢字などを自然に覚えられるのですから、子どもにとってこんな楽なことはないわけです。表面的にはそう見えるわけです。しかし、これが今問題になっているのです。七田式では、「右脳教育」と銘打って、積極的にフラッシュカードを活用しています。「確かに凄いことをおぼえるけど、その効果は、一時的であ

り、小中学生になって優秀な子に育つとは限らない」、「右脳のはたらきの開発になっていない」、「子どもが受け身になってしまい、自ら考え判断する力や創造力を奪ってしまう」などの指摘が次々に出されています。早期教育の先進国であるアメリカでさえ、今では、そんな極端なことはほとんどやっていないのです。つまり「今はよくても、将来に禍根を残す」という危険性があることを知っているからです。

　ところで、最近「百マス計算」が注目されていますが、これは、「受け身ではなく、自ら考えて答えを出し、しかも手を使って解答する」という点で、フラッシュカードとは全く違っています。「百マス計算は、記憶力を向上させ、前頭葉を賦活し、集中力を高める」と最先端の脳科学研究が実証しています。「フラッシュカード」については、今後の成果を待たなければなりませんが、百マス計算とは全く逆の結果が得られると言えるでしょう。

　とにかく、「9歳を越えるまでは、年齢に応じた知識や基礎学力をきちんと身につけさせる」ことに重きを置いていただきたいです。なお、幼児期には、耳を通して豊かな情報を入れてあげることが何よりです。昔話、お年寄りのお話、お父さんやお母さんの子どもの頃の話を聞かせることなどはとてもよいことです。具体的なことについては、本書の第5章を参考にしてください。

「よく遊び手伝いもよくしている子」は「キレ」にくい

　もう1つの例をあげることにします。これは最近の研究結果です。私たちは、なぜ「普通の子」や「よい子」が、簡単にキレて、衝動的な事件を起こすのだろうか、学級崩壊などの発生原因はどこにあるのだろうか、そんな疑問をいだきながら、数年前から調査を実施してきました。

　調査対象は、徳島市内の公立小学校に通う5〜6年生240名です。本調査で用いた尺度は、小学生のストレス用尺度である「学校生活調査（児童用）」、「児童用社会的望ましさ尺度（SDSC）」、「小学生用攻撃性質問紙」の3つです。いずれも標準化されたものです。「SDSC」の一部をいわゆる「よい子尺度」として用いました。遊び・手伝いに関する設問は、独自に作成しました。

★よく遊んでいるが手伝いをしない子どもたち

調査対象となった子どもたちの約78％が、「たっぷり」または「わりと」遊んでいると回答していました。一方、「お手伝い」については、「あまり」または「ほとんど」していないと回答した者が約50％でした。

一言でいえば、「よく遊んでいるが、あまり手伝いはしていない」ということになります。この結果は、徳島だけでなく、おそらく全国の子どもたちにも十分あてはまるものと思われます。これが平成時代の子どもの生活実態の一つといってよいでしょう。

★よい子（SDSC）はストレスが高く攻撃的

よい子（SDSC）・ストレス・攻撃性の3者間の相関関係を図6に示します。いずれも統計的に有意な正の相関が認められました。ストレスと攻撃性の関係については、「ストレスが高いほど攻撃的である」とする従来の結果と一致するものでした。

次に、各対象者のSDSC得点に基づいて、56.7得点（平均値＋0.67標準偏差）以上の者を「SDSC高群」、46.3得点（平均値－0.67標準偏差）以下の者を「SDSC低群」、その間にある者を「SDSC中群」とし、各群のストレス得点および攻撃性得点を男女別に示したのが、図7、図8です。男女ともSDSC高群のストレス得点が有意に高くなっています。攻撃性についても、同様の結果です。これとは別に、岡山県内の3つの公立中学校の生徒907名を対象に同様の調査を行っていますが、その結果は小学生のそれと同傾向でした。

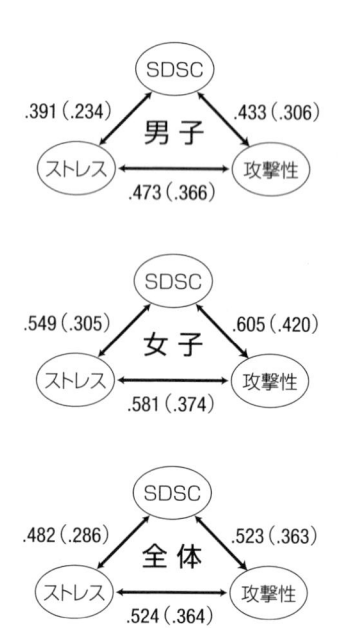

図6　「よい子」（SDSC）・ストレス・攻撃性の相関
（価は相関係数と偏相関数：カッコ内）

第2章　子育てと子育ちのバランス

★よく遊び、手伝いもよくしている子はキレにくい

　遊びと手伝いを組み合わせ、「遊びも手伝いも多い」群、「遊びが多く手伝いが少ない」群、「遊びが少なく手伝いが多い」群および「遊びも手伝いも少ない」群の4群にわけて、各群のSDSC、ストレス、攻撃性獲得点を求め、図9に示します。

　SDSC得点では、「遊びも手伝いも少ない」群のSDSC得点が「遊びも手伝いも多い」群のそれに比してやや高い傾向にあります。一方ストレスと攻撃性では、「遊びも手伝いも多い」群の得点が有意に高くなっています。

　徳島市内の公立中学校の生徒315名を対象とした調査で得られた「遊び・手伝いとストレス」の結果を図10に示します。ここでも、「遊びも手伝いも少ない」群のストレスが最も高く、次いで「遊びが少なく手伝いが多い」群、「遊びが多く手伝いが少ない」群、「遊びも手伝いも多い」群の順となっていました。4群間の差は、統計的に有意でした。この結果を見ると「手伝いの役割は、小学生より中学生の方が大きい」といえるようです。

　かつて、子どもたちは、地域や学校で管理され、早くから学習塾に通うなど、自由のな

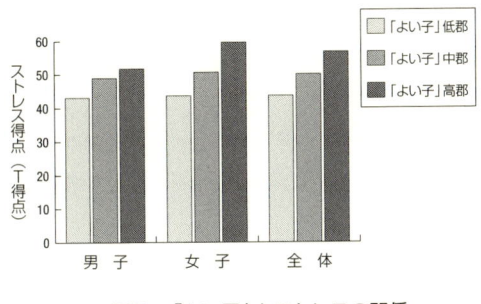

図7　「よい子」とストレスの関係

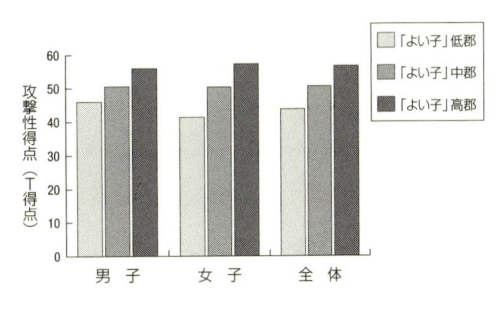

図8　「よい子」と攻撃性の関係

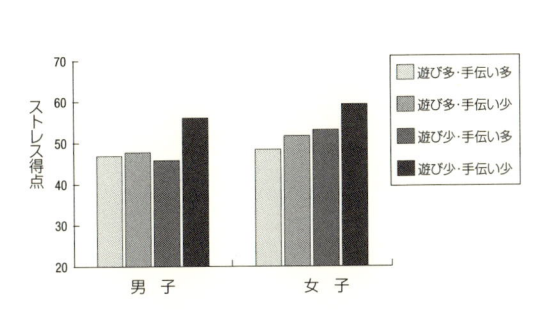

図9　遊び・手伝いとストレスの関係（小5・6）

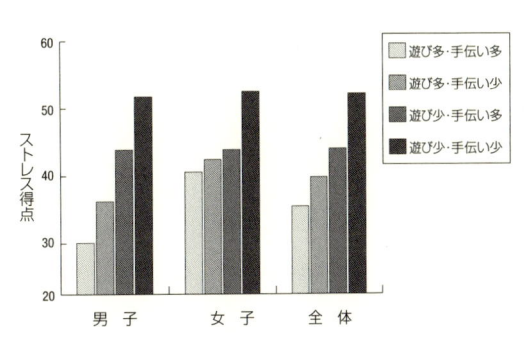

図10　遊び・手伝いの程度別にみたストレス得点（中学生）

い窮屈な生活を余儀なくさせられていました。子どもの多くが、ストレスを蓄積させ、様々な問題行動を多発させていました。これが昭和（40年〜）時代に生まれ育った子どもの実態でした。平成になって、従来の管理・画一的保育・教育から子ども中心主義へと大転換がはかられました。子どもたちはのびのびと遊び、順調に育っているかに見えました。しかし現実は昭和時代より厳しい状況になっています。

　私たちは、このことに関心を持ち、一連の研究を行っていますが、今回の調査で、
①　今の子どもは、よく遊んではいるが、あまり手伝いをしていない。
②　よく遊び、手伝いもよくしている子は、ストレスが低く、攻撃性も低い。
③　よい子はストレスと攻撃性がともに高い。
という結果が得られたわけです。また、中学生では「遊びが少なく手伝いが多い子もストレスが高い」という傾向が認められました。

　これらの結果は、「手伝うことで子どもは、大人に認められて自信を持ち、心の居場所をも見いだすことができ、加えて『よく遊び手伝いもよくする』というバランスのとれた日常生活を送ることが、自立心を育み、我慢できる力が獲得でき、過剰なストレスや攻撃性を蓄積させず、結果としてキレを防ぐ有効な手段となっている」ことを示唆するものです。

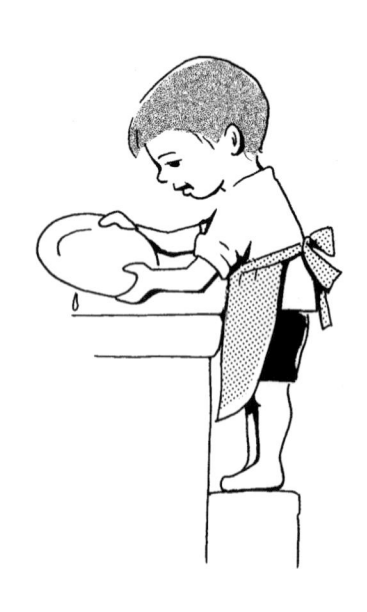

★子どもの育ちに必須となる基本は何か

　青少年暴力をはじめとする、いわゆる「問題行動」の発生要因は、先天的な要因（例えば、行為障害、アスペルガー症候群、ADHDの一部にみられる脳機能障害）、親子関係の要因（例えば、幼児虐待等によるPTSD）、地域・学校の要因（例えば、少年スポーツ、教育制度）、情報化社会の要因（例えば、携帯電話、テレビ）など、様々です。おそらくこれらが複合的に作用し、問題を発生させているのであろうことは間違いないと思います。

　しかし、これらの発生要因には、自ら軽重があるはずです。今、私たちに求められていることは、「発生要因を羅列し、一面的な原因論に陥ることなく、子どもの育ちに必須となる基本は何であるかを明らかにすること」にあるのではないでしょうか。

　例えば、「昭和時代の管理・画一的保育・教育が子どもをダメにした」との反省にたって、平成時代は、保育園・幼稚園で行われている「自由保育・教育」にみられる通り、放任とも思えるほどの「子ども中心主義」に陥りました。しかも、家庭における子どもの生活実態を考慮せずにです。そのことが、平成時代にはじめて発生した学級崩壊につながり、さらに、昭和時代とは質的に異なる校内暴力等の発生に結びついているのではないかと思われます。もしそうであるなら、保育・教育関係者の責任は大であると言わざるを得ないでしょう。こうした事態を予想して、私たちは「管理しない、放任にしない、バランスのとれた子育て・保育・教育の確立」を提唱しています。最近、村山もこのことの重要性を指摘しています。具体的には、子どもの10年後の姿と一日24時間の生活を見通しつつ、

① 　人間の子どもとしての生活リズム（食生活、睡眠起床のリズムなど）を整えること。
② 　大人によって育てられる子育て（手伝いもそのひとつ）と子ども同士で育ちあう子育ち（その中心は遊び）とのバランスのとれた生活を確立すること。
③ 　リズムとアクセントのある生活をめざすこと。

などです。

　生活リズムに関しては、次章で詳しく述べますが、これらを基本に置いて、家庭での生活、保育教育の在り方を考えていく必要があるのではないでしょうか。「自由保育」、「子ども中心の教育」、「個性を尊重したゆとり教育」にこの視点が決定的に欠落しているのです。

　子どもは大切にされなければなりません。当たり前のことです。しかし今、「大切に」という意味をはき違えて捉えている大人たちがいるようです。「子どもは遊びの天才です。遊びを通して社会性や創造力、協調する心が育ちます」とも言います。これもその通りです。

しかし、それは一面の真理でしかありません。子どもとて家庭や地域・学校で役割を担った一人の人間と位置づけられてしかるべきです。親は働かなければ家庭が成り立ちません。これと同じように「この子がいなければ家庭が成り立たない、地域も学校も成り立たない」、そんな役割を担った存在として子どもを位置づける必要があります。その一つがお手伝いと考えて、先の調査を実施したわけです。

「捨て育て」に学ぶ

「子育てと子育ちのバランス」という視点は、丸山敏雄の「捨て育て」論からも読みとることができます。「捨て育て」論はそのネーミングからして「まか不思議な極端な子育て論」と思われがちですが、決してそうではありません。

丸山敏雄は1951年（昭和26年）に『育児の書』（新世書房）を記していますが、この中で次のように述べています。

「いらぬおせっかい、いらぬ心配、過ぎたしつけの一切は、子供の発育の敵である。『捨て育て』こそ、育児の鉄則である。」（はしがきより）、「捨て育てと申しますのは『捨てて育てる』という意味で、親たちは子供のことを、気にかけすぎず、いらぬ心配をせずに、できるだけ自然のままに、のびのびと育てあげることを申すものです。」

……中略……

「できる限り自然のままにほっておいて、ちやほやしたり、世話をし過ぎたり、干渉し過ぎたりしない、ということです。一ばん手のかからぬ、何よりも自然な、親の心をつかわぬ、子供自身を尊重する教育、ということになります。」、「『捨て育て』こそ、子供の個性を最も完全に伸ばす方法であります。伸びる力をさまたげずに、ただそのままに伸ばし太らせることです。」（原文のまま）。

まさに過激な発想です。丸山敏雄は、ルソー（1712〜1778）の「造物主の手を出る時は、すべてのものが善であるが、人間の手に移されると、すべてのものが悪くなってしまう。」で始まる名著『エミール』（1762）に学んだ教育者の一人です。「ルソーよりも、もっともっと徹底して、大自然の法則にかなった教育」を提唱していることから分かるとおり、ルソーを崇拝し、ルソーの教育思想を過激といえるほど積極的に取り入れているのです。しかし、

忘れてはならないのは、次の記述です。

「『捨て育て』は、子供の教育のいっさいを捨ててしまえ、というのではありません。捨ててかまわないことは、何のかかわりもなく、すっぱり捨ててしまうことです。ですから反面、与うべきは惜しみなく与えよ。禁ずべきは断固として禁ぜよ。教えることは、徹底的に教えてすっかり覚えこむまで、繰り返し繰り返し教えるということであります。」

ルソーの教育思想に影響を受けた教育関係者はたくさんいます。「日本幼児教育の父」とされる倉橋惣三（1882～1956）は、我が国におけるその第一人者であり、現在広く実施されている「自由保育」の理論的支柱となっています。ところが、これほど偉大な思想に裏打ちされているはずの「自由保育・教育」が、我が国では、幼児・児童の社会に大混乱を生じさせているのです。それはなぜでしょうか。私は、「今の子育てや教育に、何を捨て、何を教え育てるかという大切な視点が決定的に欠落しているところに、その原因がある」と考えます。「自由保育・教育」が「放任保育・教育」に陥るのも、ある意味必然であるといっても過言ではありません。

『育児の書』は50年以上も前に書かれた古い本です。今の時代にそぐわない点も多いです、しかし「古きを温め、新しきを知る」（温故知新）ことのできる良書だと思います。

「子どもらしい子」「大人らしい子」

「子どもらしい子」とか「大人らしい子」というのは、何を基準にして考えられているのでしょうか。「子どもらしい子」という言葉を聞いた時、皆さんはどんな子どもの姿がイメージに浮かぶでしょうか。どうも「子どもらしい」という言葉の使われ方が、最近少し変わってきているように思いますが、いかがでしょうか。「まじめで、几帳面で、親や先生の言うことを素直に聞く子」、これを「子どもらしい子」と考えている人が多くなってきているように思います。いわゆる「おりこうさん」とか「よい子」を「子どもらしい子」と言っている傾向になってきているように思えてなりません。

しかし、いわゆる「よい子」などと評されている子どもは「子どもらしい子ども」ではなく、「大人らしい子ども」です。いわば、統制がとれすぎている子どもです。「子どもらしい」という言葉には、「腕白、いたずら、たくましい」などの意味が含まれているはずです。

脳のはたらきは、基本的には２つの作用を持っています。１つは興奮させるはたらきです。活動をかりたてるはたらきといった方が適切かもしれません。もう１つは制止するはたらき、つまり活動を抑えるはたらきです。これら２つは大脳皮質の前頭葉のはたらきによってコントロールされていますが、専門的には「高次神経活動における興奮過程と静止過程」と言います。大脳生理学から言いますと、この２つのはたらきのバランスがとれていく過程、それが発達であるということになります。この点については、次の「子どもの脳がおかしい」のところでも再び述べることにします。

　乳幼児期や小学生低学年では、興奮するはたらきが強くて抑えることができないのが、子どもの本来の姿です。そして、小学校高学年から中学生にかけて、抑える力が獲得され、興奮する力と抑える力とのバランスが保てるようになってくるわけです。

　今の子どもの様子を少し発達的にみてみますと、活動面では小さい時はおとなしく、親の言うことをよく聞き素直に育っているのですが、中学生ごろに初めて興奮する力が強くなってきて、そこでやっと「子どもらしい子ども」になっているようです。小さい時は「大人らしい子」、大きくなると「子どもらしい子」という矛盾した発達をしているのです。

　小さい時の「大人らしい」というのは、もちろん本物ではありません。大脳のはたらきから言いますと、単に興奮する力が弱いだけであって、もともと弱いはずの抑える力との間に、低いレベルで表面的にバランスが保たれているように見えるだけです。中学生段階になって、やっと「興奮する力」が獲得されますので、そこで「子どもらしい子」になるわけです。ところが、体は大きくなっていきますので「腕白」ということだけで片づけることのできない、いろいろな問題行動に発展してしまうのです。校内暴力や家庭内暴力、あるいはいじめっ子、いじめられっ子の問題なども、こうした面から検討してみる必要がありそうです。

子どもの脳がおかしい

　早期教育の問題を指摘しました。またバランスのとれた日々の生活を整えることや子どもを生活者と見なすことの大切さなどについて述べてきました。これらと同様の知見が、幼児・児童・生徒を対象とした最先端の脳科学の分野からも発表されるようになってきています。ここでは、「脳教育の順序性」、つまり「古い脳から新しい脳へ」という視点に立って述

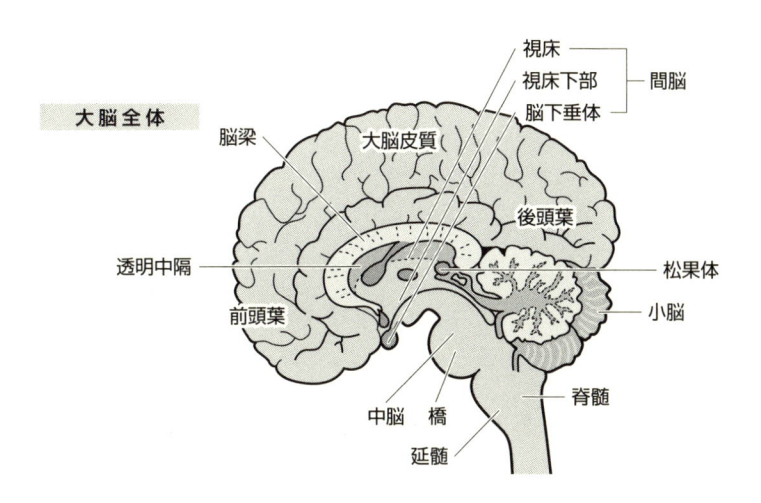

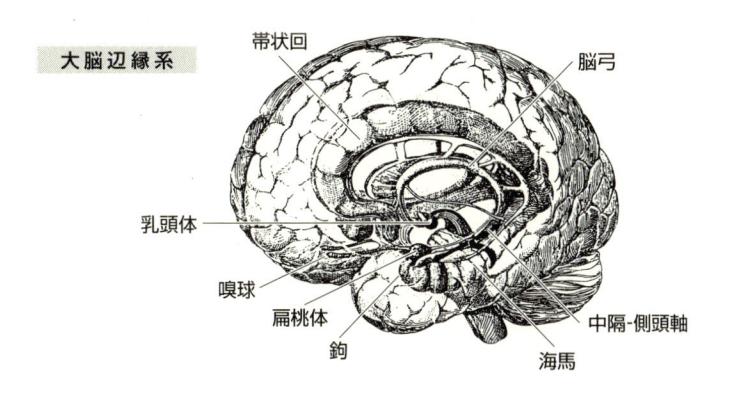

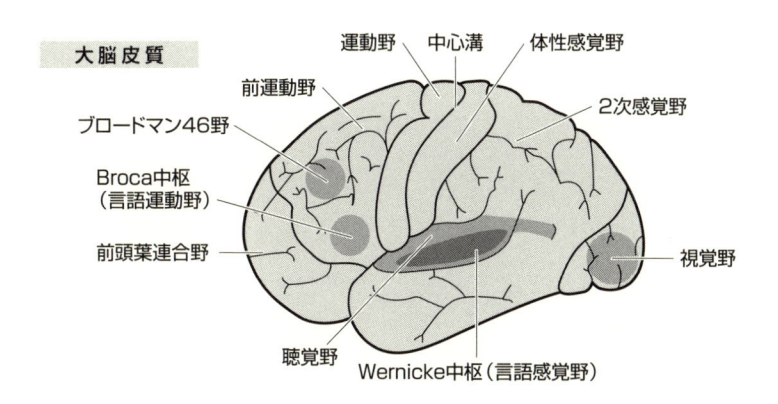

第2章　子育てと子育ちのバランス

図11　人の大脳（概略図）

べることにします。具体的には、「右脳を育てる前に新しい脳（大脳新皮質）全体を、新しい脳を育てる前に古い脳（延髄・橋・間脳・古皮質など）をしっかり育てることが大切である」ということです。

　人の脳とその区分を図11に示します。一番下の部分が延髄です。この部分は脊髄とつながっています。延髄の上に橋（きょう）、その上に中脳があります。これらは、いわば「脳の幹」にあたりますので「脳幹」と命名されています。脳の中でも最も古い部分です。脳幹は呼吸や心臓のはたらきなど「命を守り育てる」のに必要不可欠な身体機能を調整しています。生活リズムの基礎となる睡眠-覚醒リズムもまた、この部分で制御されています。

　脳幹の中心部には、小さい神経が無数存在します。この部分を「脳幹網様体」と言います。高性能の電子顕微鏡で撮影すると「網の目の様」に見えるので、こう名づけられました。脳幹網様体は、大脳辺縁系および大脳新皮質全体を賦活（活性化）させる機能をもっています。子どもの行動と関係づけてわかりやすく言いますと、注意力や集中力を持続させるはたらきを担っているということになります。脳幹網様体は外からの刺激を受けて、そのはたらきを開始します。外からの刺激で一番大切なのが、皮膚と筋肉からの刺激です。薄着で外気に触れるとか赤ちゃん体操をしたり、「はいはい」したり、素足で歩いたり、全身を動かすことなどにより、脳幹網様体はしっかりと育っていきます。

　脳の中央部を「間脳」と言います。この部分は、視床と視床下部と脳下垂体などから構成されています。『脳内革命』で一般に知られるようになった「メラトニン」を分泌する松果体は間脳の後部にあります。視床は目や耳、皮膚などの感覚器官からの情報を受け取り、大脳皮質に伝えるはたらきをしています。

　視床下部は、「自律神経（交感神経系と副交感神経系）のはたらき、体温リズムの調整、食欲（満腹中枢・空腹中枢が支配）や性欲、睡眠、覚醒、ホルモンの分泌など」をコントロールしています。脳下垂体は、視床下部からの命令を受けて様々なホルモン（例えば、成長ホルモン、排卵や精子の形成に関する黄体ホルモン、女性であればお乳を出させる催乳ホルモンなど）を標的器官に送り出します。

　視床下部の近くに時計の役割を果たしている部分があります。この部分を「視交叉上核」と言います。小さい時から規則正しい生活をすることで、体内時計のはたらきをしっかりとコントロールできるようになります。

　間脳の周囲をとり囲んでいる部分が大脳辺縁系（海馬、扁桃体、乳頭体など）で、哺乳類

で最も発達しています。大脳辺縁系は悲しみとか怒り、不安といった情動をコントロールしています。この部分は、遊びや絵本の読み聞かせなどを通してそのはたらきの基礎が形成されていきます。「よく学び、よく遊べ」ではなく、「よく遊び、よく学べ」でないと大脳辺縁系は育ちません。

　大脳辺縁系は、視床下部と繊維連絡を持っており、この部分のはたらきに影響を及ぼします。具体例をあげておきましょう。ストレスがたまりますと、まず大脳辺縁系のはたらきがおかしくなります。その影響を受けて視床下部のはたらきがおかしくなってきます。初期の段階は自律神経失調症状態ですが、こういう状況が長く続きますと、ホルモンの分泌リズムが乱れ、極端な場合、視床下部にある満腹中枢・空腹中枢の機能障害による拒食症に陥ることもあります。

　大脳辺縁系を覆い、人の脳の大部分を占めているのが、大脳新皮質です。大脳新皮質は右半球と左半球にわかれており、脳梁という繊維で互いに結ばれています。私たち人間が言葉で意志を伝達し、ものごとを理解し、分析・統合し、新しい文化や高度の技術を創造することができるのも、大脳新皮質のはたらきによります。

前に述べた七田式などの「右脳を育てる保育、左脳を育てる教育」というのは、大脳新皮質の右半分と左半分を早期から効率的に刺激し、頭のはたらきをよくしようとするものです。これも問題です。いうまでもなく、大脳新皮質を育てることは、人間とって大切です。そのこと自体に何の異論もありません。しかし、この時期に右脳優先の早期教育では、大脳新皮質全体のはたらきは育たないのです。特に今問題となっている「キレる」行動を抑制するはたらきを有している大脳新皮質前頭葉のある領域（ブロードマンの46野）が正常に機能しなくなる可能性が指摘されているのです。

　子どもの脳のはたらきを調べる有効な方法して、主に次の2つが用いられています。1つは「GO／NO‐GO学習課題」です。もう1つは、脳の働いている部分が時々刻々とテレビ画面等に映像として映し出すことの出来る「fMRI」(functional Magnetic resonance Imaging)による測定です。

　GO／NO‐GO学習課題というのは、ある刺激に対しては、GO、つまり反応し、他の刺激にはNO‐GO、つまり反応しないという学習です。例えば、「赤ランプがついたらボタンを押す、緑ランプがついた時は、押さない」という学習です。

　実際の実験場面では、まず、「赤ランプがついたらこのボタンを押してください。緑ランプがついたときは、ボタンを押さないでください」と子どもに教示します。これを「分化条件反射」(Differentiation)といいます。分化条件反射が完成した後、今度は、「緑色の時にボタンを押し、赤色の時は押さない」という、逆の課題を与えます。これを「改造条件反射」(Replacement)といいます。この手続きは、日本体育大学の正木建雄教授（当時、現名誉教授）が、有名なロシアの生理学者パブロフの条件反射を応用して、独自に開発したものです。これら2つの条件反射をあわせて「GO／NO‐GO学習」といいます。

　パブロフによれば、脳のはたらき（高次神経活動）の基本は、興奮過程と制止過程の2つからなります。パブロフは、これら2つの神経過程のはたらきの程度、興奮過程と制止過程の切り替えの早さなどによって、神経系のタイプを5つに分類しています。

　正木教授は、「GO／NO‐GO学習」課題を幼児から大学生までを対象に、1969年と1979年に大がかりな実験を行っています。

　ルポライターの瀧井宏臣氏は、正木先生の研究を紹介するに当たって、興奮過程をアクセル、制止過程をブレーキに例え、「人間の脳神経系（高次神経系）の発達過程は、アクセルもブレーキも備わっていない不活発型（幼児型）、アクセルが優位に備わっている興奮型、ブ

レーキが優位に備わっている制止型、アクセルもブレーキも優位に備わっているが、切り替えの緩慢なおっとり型、切り替えがよくて速い活発型の5つに分類される」と記述した上で、「日本の子どもたちは、1969年の時点で、幼児期にはアクセルもブレーキも未発達ですが、就学期からアクセルが発達、続いてブレーキも発達して、中学生になる頃には全体の7割近くが大人型になるという自然な発達過程を示しています」、「ところが、1979年に行った調査結果では、子どもたちの自然な発達過程がことごとく壊れていました」と記しています（瀧井宏臣「こどもたちのライフハザード」、2003、世界5月号、274-281、かっこ内は著者、氏は「制止過程」を「抑制過程」としているが、筆者がこれに変更）。

　正木教授には、1984年から86年にかけて、「一流スポーツ選手の生育歴的検討」という共同研究に加わっていただいたことがあります。そのときに、この研究について直接、話を聞かせていただきましたが、日本の子どもの脳のはたらきは、この10年間に大きく変遷したことを明らかにしたことの意義は極めて大きいものがあると感じていました。そして、正木教授に指導を受けた人々が、その後も研究を継承発展させ、「2000年になっても、子どもの脳の状況は改善されていない」ことを明らかにしています。

　もう1つは、最先端の脳機能測定装置である「fMRI」を用いた研究で、子どもたちの多くが「我慢できずに、すぐキレる脳」になっているということが証明されてきていることです。具体的には、最も高次な中枢である大脳新皮質前頭葉、とりわけ「目的とする行動の決断や思考、理解などの精神活動行ううえで重要な役割を担っている」（上述瀧井より）とされている「ブロードマンの46野」のはたらきが低下しているのです。

当たり前の生活のすすめ

　これらの分野、つまり心理学や脳科学分野の研究は、さらにこれを一歩進めて、子どもの前頭葉機能の低下をもたらした原因も明らかにしています。こんなふうに書きますと、難しいことのように思われるでしょうが、決してそうではありません。結論は、極めて簡単なことです。それは「当たり前の生活」、「当たり前の子育て」を取り戻すことです。そのことを全ての基本におくことです。その当たり前の生活に支えられた子育て・保育・教育を行うことによって、大脳がバランスよく育ち、9歳ごろまでに前頭葉が本来の機能を発揮できる

脳として発達するのです。「がまんできる、キレない脳」が出来上がるのです。

　私たちが「当たり前の生活・子育て」の重要性を最初に研究論文として公表したのは20年前です（佐野勝徳他「生育歴から見た登校拒否の発生要因とその予防法」、児童青年精神医学とその近接領域、1984）。そこに述べたことが、今、心理学と脳科学の実験的研究によって、より科学的に実証されてきたと実感しているところです。

　ところで、どんな生活、どんな子育て・保育・教育が、当たり前と言えるのでしょうか。悲しいことですが、今の社会で、「当たり前」と思われていることが、実は「当たり前」ではないのです。ここが大問題です。

　私たちの言う「当たり前」は「大人たちと子どもたちのかかわり、早起き・早寝、ご飯とおかずと味噌汁の朝食、ガキ大将のいる集団、手伝い・仕事」など（佐野著「子育て・子育ち・生活リズム」、エイデル研究所、1986年）です。前頭葉研究の第一人者である北海道大学医学部の沢口俊之教授も「脳の発達に望ましい環境とは、大家族、近所のガキ集団、納豆と魚などの和食など、多くは日本のかつての生活である」（中日新聞主催「教育セミナー」、2002年）と指摘しています。しかし、今は多くが核家族です。近所に子どもが少なくなっています。超少子高齢社会です。「昔の生活を取戻せ」といっても、無理があります。何の解決にもなりません。

　「当たり前の生活」は、時代とともに変化していい、むしろ変化して当然であると、私は考えています。実は、ここでいう「当たり前」という言葉には、「子どもの成長と発達に欠くことの出来ない人的物的環境が整えられていること」という意味をも持たせています。教育学の分野で、しばしば「不易と流行」という用語が使われます。不易というのは、変わってはいけないもの、普遍的なものといった意味です。「子どもの発達の道筋」そのものは不易に当たります。また「子どもは、大人たちと子どもたちの関わり、子ども同士の関わり、つまり複合的人間関係の中で育つ必要がある」、「役割を担った人間としての子ども」、これらも不易の部分です。しかし、これら不易の部分を子どもたちにどう保障していくかは、当然のこととして、時代とともに変っていいし、変えていかなくてはならないことも多いのです。「昔に戻れ」というのは間違いです。

　かつて、「早くから保育所・幼稚園に通わせると子どもはゆがむ」と言われた時代がありました。今では、そんなことを言う人はほとんどいません。これは、「子どもは仲間ともに育つ」という不易の部分を保障する場として保育所・幼稚園が正しく位置づけられるようにな

ったからです。学童保育もしかりです。まさに、これなどは「現代版『当たり前』子育て」と言えるのです。ただし、私は、今の保育・幼稚園・学校教育が十分であるとは、考えておりません。「不易を保障する場になり得ていない」からです。その理由は、保育所・幼稚園・学校を管轄する厚生労働省や文部科学省が「不易と流行」という基本認識を持っていないからです。現場の先生方の多くもそうであると言わざるをえません。

　私はこれまで約20年間、生活リズムの重要性を説いてきました。その一方で、早期教育の問題を明らかにすべく実践的研究を行ってきました。いうまでもなく、子育ての目標は「自ら考え、判断し、行動する力」を獲得させることにあります。生きる力を育むことです。10年先、20年先の子どもの姿を見通すことのできる子育てを心がけなければならないと思います。そのためにも、「子どもは生まれて間もない頃から、親だけでなく他人も含んだ複数の大人たちに育てられるとともに、子どもの心が解き放され、子ども同士で自由にのびのび遊ぶこと」の重要性を説き続けてきました。そうすることこそが、真の「幼児教育であり、脳教育である」と確信しているからです。

子どもの発達の道筋

　子どもの発達は、主に「身体的発達」、「運動性発達」および「言語認識的発達」の3つの側面からとらえることができます。これら3つの側面の発達には、順序性があります。身体的及び運動性の発達でいえば、首がすわり、寝がえり、腹ばい、四つんばい、高ばい、つかまりだち、つたい歩きをへて、しっかりと立って歩くようになります。この順序は、全ての子どもに共通しています。そして、歩けるようになるまでにどれかの過程、例えば「はいはい」をとばした場合、後で、発達の弱さとして現れることがあります。

　言葉の発達にも同じことが言えます。産声に始まり、なん語（例：バブバブ）、一語文（ママ、マンマ）、二語文を経て話し言葉を獲得し、次に書き言葉の順で発達し、9歳前後に大人並の言語活動を獲得します。これも全ての子どもに共通するものです。話し言葉を獲得する幼児期に、書き言葉（作文など）を教えすぎますと、これまた言葉の発達を歪めることになりかねません。話し言葉と違って、書き言葉には、文法上の一定のルールがあります。そのルールに従って文章を書かないと意味が伝わりません。そのことが、自分の思いをの

びのびと表現できるはずの「話し言葉」に制約を加え、結果として「想像力を奪う」ことになりかねないのです。書き言葉は、話し言葉と比較して、高い次元(高次)の言語活動であり、当然のこととして話し言葉は、相対的に低い次元(低次)になります。普通は、高い次元の活動を獲得しますと低い次元の活動も豊かになるという関係が成り立ちます。これを私は「高次が次元を豊かにする」と表現しています。ところが高次の活動を早い時期に子どもに強いるようなことをしますと、逆に「高次が低次を貧弱にする」という結果をもたらすのです。早期教育の問題点がここにもあります。

　子どもの発達を考える上で、もう1つ大切なことは、体の発達と運動の発達そして言葉の発達とは、相互に密接な関連があるということです。これを発達の機能関連といいます。例えば、指さしと言葉の発達には密接な機能関連があります。1歳前後の幼児がある物を指さして「ああ、ううう」と声を発することがあります。これは、物の存在を指を通して自分に伝えている指さしであると考えられており、「定位の指さし」と呼ばれています。次に1歳過ぎから1歳半前後までに「ある物を指さして、お母さんの顔を見て、再び物をみる」といった指さしが現れます。これは、物の存在を第二者(ここでは母親)に伝える指さしであり、「可逆の指さし」と呼ばれています。この「可逆の指さし」が現れますと、間のなく話し言葉が出るようになります。

　これも、発達の機能関連の1つですが、このことは大脳皮質のはたらきからも説明がつきます。29頁の図11を見てください。3つの脳の図のうち、一番下の図に「体性感覚野」と「運動野」という部分があります。体性感覚野は、身体各部の刺激を受け取る部位です。運動野は、身体各部の運動を引き起こすはたらきを持っています。体性感覚野と運動野の中を細かく調べた人がいますが、手や唇、舌の感覚を受けとったり、あるいはそれらを動かす脳部位は非常に大きい面積を占めています。しかもお互いが接近した位置にあります。このことから手のはたらきが活発になると、口や唇に関係する脳の部位を刺激し、言葉の発達を促すという関連が成りたつわけです。

　さて、子どもがたくましく成長・発達していくためには一日一日の生活が大切であることはいうまでもありません。その生活を発達の土台としながらも、いわゆる「人間形成障害」のない豊かな人格を形成いていくためには、発達における3つの側面が順序性をもって、かつ相互に機能関連しながら、子どもたちは、数々の「発達の節目」(質的転換期)を乗り越えていかなければなりません。「発達の節目」を経験して、それを乗り越えるためには、子ど

もにとって大変な努力が必要であり、精神的に不安定になったり、一時的な「退行現象」が現れたりします。それまでの発達に弱さがあると、この時期に様々な「問題行動」が現れやすくなります。従って、この時期は「子どもの危機の時代」ともいわれています。そのうち最も重要な「発達の節目」が3つあります（図12）。

人生最初の大きな節目が2歳半から3歳半にかけて現れる「第一反抗期」（3歳の危機の時代）です。第一反抗期がはっきりと現れるためには、6ヶ月前後からのハイハイを十分経験しておくこと、10ヶ月ごろからの探索行動（いたずら）を豊かに経験しておくこと、子ども同士の関わりをたくさん持っていること、そして生きた言葉（テレビから身についた言葉ではなく、大人たちと子どもたち、子どもと子どもの関係のなかで身につく言葉）を獲得しておくことなどが、基本的に必要です。最近、第一反抗期のなかった子どもが増えているといわれています。反抗期を経験しないと、「自立心」の弱い子どもになりがちです。

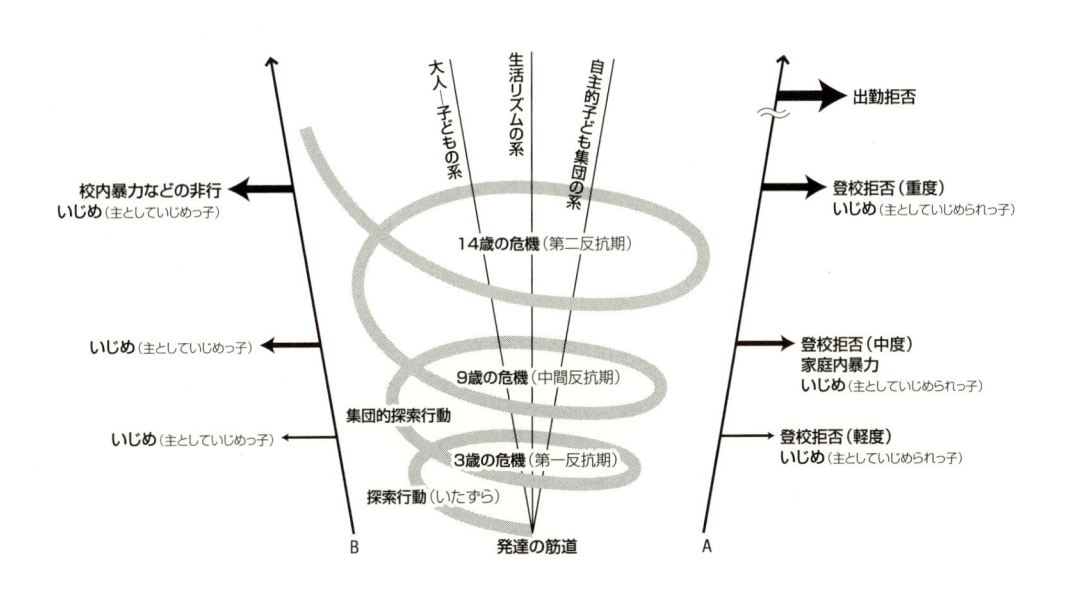

図12　子どもの発達の筋道とその歪み

ここに示した「発達の筋道」は人格を形成していく上で、特に重要な部分のみを抽出したものである。Aは、比較的内向的な子どものうち、発達の節目にあたる危機を経験できなかった子どもが、何らかのきっかけで不登校、家庭内暴力等にはしる場合、Bは、比較的外向的な子どものうち、同様の危機、特に「9歳の危機」を経験できなかった子どもが校内暴力などの非行等にはしる場合を各々示す。

このような経験の欠如によってもたらされる「自立心の弱さ」が「不登校」「家庭内暴力」「いじめ」の芽をつくります。3歳未満の保育で「自立心」が育っているか否かの重要な判断材料として、「ハイハイを奪っていないか」「いたずらを奪っていないか」「子ども同士の関わりを奪っていないか」などをみる必要があります。

　それまで家庭で育てられ、3歳過ぎに初めて園に入ってくる子どものなかに、「自立心の弱さ」をもっている子どもがかなりいます。「弱さ」をもっている子どもは、おとなしくて、かわいらしく、先生の言うことをよく聞く、いわゆる「よい子」と評価されがちな子どもに多くみられます。このような場合、集団保育を通して、子どもを保育者の管理下におくのではなく、子ども同士の高まりあいの関係をつくっていくなど、「弱さ」を克服させる手だてがすみやかになされなければなりません。

　第一反抗期を通して子どもが獲得した力は、次の第2番目の「発達の節目」を乗り越えるためのエネルギー源になります。「中間反抗期」とか「9歳の危機の時代」「9歳の壁」あるいは「ギャングエイジ期」ともいわれている「発達の節目」は小学3〜5年生ごろに現れます。この時期の子どもの活動の中心は、同年齢の友だちとの遊びです。大人の管理から逃れ、子ども同士で、遊びのルールや集団の規律を自ら定めて、自主的な集団活動を行います。

　中間反抗期は、「子どもが大人から独立して、自己の世界を形成」していくひとつの過程として重要な意味を持っています。その際、子どもは、大人から「個人として」独立していく力をまだ持ちあわせていませんので、まず、「集団として」大人の世界から独立していこうとします。さらに、こうした経験を通して、子どもたちは、「他人の立場を理解する」、「集団と自己の同一視」あるいは「われわれ意識」といった社会的自我を形成していきます。

　この時期になっても、なお母親や大人の管理下に子どもを閉じ込めておくと、子どもの発達はさらに歪められます。大人に管理された子ども集団（例えば、少年野球、学童保育、子ども会活動などの集団）の中だけの活動では、子どもは体はたくましく育っても、自立する心に弱さを残します。これが本当の「心身乖離現象」です。子ども会活動などの指導者はこのことの重要性を認識しなければなりません。

　中間反抗期を仲間とともにたくましく乗り越えていって、初めて子どもは、大人社会の入口にさしかかるのです。3歳前後までの育ちに弱さを持っている子どもは、中間反抗期が経験できにくいという弱さとして現われます。そして、第1と第2の「発達の節目」をいずれも経験しないと、乳幼児期に芽生えた「人格形成障害」の芽が大きく育ってしまうことになり

ます。逆に乳幼児期の弱さに保育者が早く気づき、弱さを克服させる手だてがなされ、その後に中間反抗期を乗り越えていけば、「人格形成障害」の芽を摘むことができます。

　この２つの「発達の節目」での経験は、次の第二反抗期（14歳の危機）の経験を通して自我を形成していく際のしっかりとした土台となっていきます。中間反抗期が「集団として」大人の世界から独立していく時期であるのに対して、第二反抗期は、仲間集団で互いに支えあいながらも「個人として」大人の世界から旅立ちを始める時期といえます。第二反抗期といえば、中学２～３年生のころですが、現代の非行の大部分はこの時期の子どもたちによるものです。それは「第二反抗期」という精神的には極めて不安定な時期に、これまでの発達の弱さ、とりわけ中間反抗期における弱さ、つまり集団的に自立ができていないという弱さが先鋭的に現れるからです。

　現代の子どもの特徴を一言で言えば、「発達の節目、節目がはっきりと現れていない」ということになります。発達の節目をはっきりさせることのできる環境を子どもたちに保障することが何より大切です。

バランスのとれた生活の上に

　生活リズムについては、後で詳しく述べることにします。また、最後のところで、「一日の生活の仕方」を紹介したいと考えていますが、ここでは、ご家庭の子育てにしぼり、いくつか述べることにします。とは言っても、「父親は父親らしく、母親は母親らしく」などといった話ではありません。生活リズムも含め、このバランスのとれた生活が整ってさえいますと、後は肩の力を抜いて、自然体で楽しく親子で過ごせるよう心がければそれで十分です。そこで、これだけはやっていけないことについて述べることにします。

　人間は、それほど強い存在ではありません。一人で生きていけるほど強い者ではありません。子どもとなれば尚更のことです。大阪教育大学付属池田小学校の極悪非常な殺人事件に遭遇し、PTSD（心的外傷後ストレス障害）で苦しむ子どもたち、米原子力潜水艦に衝突され、同級生を失い、苦しんでいる高校生のことを思いますと、大人の責任は重大です。親や大人はそうした状況から子どもたちを守る責任があるはずです。

　幼児・児童虐待はまさにこれに当たります。０歳の時の心の傷が、脳のはたらきを変え、

成長ホルモンの分泌を押さえ、さらに感情や情動のはたらきをコントロールしている大脳辺縁系と呼ばれている大切な脳部位（海馬、扁桃体など）の発達が抑制され、その子の一生を支配しかねないほど決定的な影響を与えることを知らなければなりません。

　幼児・児童虐待の形態は主に次の4種類です。

① 　身体的虐待：肉体的な苦痛を与える行為（たたく、ける、つねる、なぐる、激しく揺さぶる、振り回す、噛む、しばる、水につける、火を押し付ける、首を絞めるなど、体に苦痛や傷を与える行為）。

② 　心理的虐待：精神的な苦痛を与える行為（絶えず言葉で馬鹿にする・否定する・怒鳴る・叱るなどで　子どもを積極的に否定して、子どもの心に深い悲しみや脅え、辛さ等の苦痛を与える行為）。

③ 　ネグレクト：養育の拒否や放置（児童の心理の正常な発達を妨げるような著しい減食または長時間の放置その他の保護者としての監護を著しく怠ること。食べ物やミルクを与えない、衣服をかえない、学校に行かせない、危険な場所に放っておく、医者にみせない、家に閉じ込めるなどの行為）。

④ 　性的虐待：養育者や身近な人が、子どもに性的なイタズラや行為をしたり、子どもに性的な行為を強要したりする事（ポルノの被写体とするなど）。

　幼児・児童虐待は確実に増えています。大学生でこれに苦しんでいるケースを何人も知っています。大学の授業で虐待について話をしますと、後で必ずといってよいほど、相談に来る学生がいます。

　乖離性同一性障害というのがあります。一般に言われている多重人格と同意です。その主な原因は、幼児・児童期の虐待、とくに性的虐待にあります。ある学生は、性的虐待を受けていたときの心の動きを「自分が父親に抱かれている姿を、遊体離脱のように、天井から冷ややかに見ていた感じであった」と話しています。そこから人格が2つ、3つに分裂していくという乖離が始まったのです。今6つの人格がいると言います。本当に深刻です。性的虐待は、父親、義父によるものが多く、小学校の先生によるケースもあります。

　ここで特に強調したいのは、男児への性的虐待です。これで苦しんでいる小中学生は、非常に多いことを知っていただきたいです。ところが、性的虐待で苦しんでいる男の子が、電話相談などで悩みを訴えようとしても「冗談でしょ」と相手にされないのです。アメリカでは、すでに男児への性的虐待の影響の深刻さを認知し、適切な対応がなされていますが、わ

が国では全く放置されたままです。そうした子どもたちが、後で極めて深刻な事件を起こしているという事実を知って欲しいのです。

　幼児・児童虐待は、これほどまでに長期にわたり、その子を苦しめています。そして、虐待を受けて育った人が母となり父となったとき、無意識のうちに子どもに虐待をする、いわゆる「世代間伝達」（約30％）が起こるという非常に厄介なことなのです。

　近くに虐待をしている人、あるいはそうではないだろうかというケースがありましたら、是非手を差し伸べてあげてください。児童相談所、虐待ホットラインなどに連絡してください。お節介でも何でもありません。その親子を救うことになりますから。もし、あなたが虐待で苦しんでいるのであれば、勇気を出して相談してください。あなた自身もきっと救われます。

第3章
生活リズムと子どもの育ち

　最近、眠りのことが、マスコミでよく取り上げられるようになりました。それだけ人々に関心がもたれているのでしょう。わが国には、日本睡眠学会というのがあって、年に一回、学術集会が開催されています。今年（2003）は、名古屋で開催されました。28回目となります。例の新幹線の運転手が、居眠り運転で岡山駅の手前で停止するという事故があったこと、また、睡眠学会の研究成果の一部が、日本テレビ『おもいっきりテレビ』で取り上げられたことなどによって、日本睡眠学会の存在が一般にも知られるようになりました。

　この学会に所属する睡眠研究者、また国際睡眠学会で活躍する国内外の優れた研究者をはじめとする、様々な分野の専門家たちの精力的な研究によって、生活リズムの重要性が科学的に明らかにされてきています。育ち盛りにある乳幼児期の子どもにとっては、生活リズムを整えることは大人以上に大きな意味を持っています。

　子どもの育ちを豊かで確かなものにしていくためにも、「生活リズムの確立」がまず大切にされなければなりません。家庭でも保育園・幼稚園でも、「生活リズムを確立しつつ、子どもたちの育ちに必要な諸条件を整えていく」という取り組みが必要になってくるものと思われます。

　「早寝・早起き」を中心にしながら、どの時間帯にどんな活動をするかなどを含め、一日の生活の仕方を「生活リズム」と言います。食生活についても「朝、昼、晩の食事と3時のおやつ」というリズムがあります。これも生活リズムの1つです。規則正しい生活のリズムを確立することは、子育ての基本として大切なことです。子どもの体を健康にするだけでなく、心の育ちを豊かにします。

　それでは、生活リズムを整えることが、どうして子どもの育ちを考えるうえで大切になるのでしょうか。実は、「生活リズム」という用語には、「生体リズムに調和した生活のリズム」

という意味が含まれています。そこで、まずこの点から述べることにしますが、その前に、「生活リズム」という用語に対する私たちの定義や生活リズムの確立に向けた取り組みを行なっていく際の基本認識などを次の八項目にまとめておきます。

① 「生活リズムの確立」とは、私たちの体内に生まれる前から、すでに生物学的に組み込まれている「生体リズム」、特に一日24時間を単位とした生体リズム（サーカディアンリズム）に調和させた一日の生活のリズムを確立することを意味する。従って、「生活リズムの乱れ」とは、生体リズムと生活リズムとの間にアンバランスが生じている状態をさす。

② 「生活リズムの確立」は「早寝・早起き」のリズムを確立することを基盤とするが、それだけにとどまるものではない。朝昼晩の食事と午後3時のおやつのリズムを一定化すること、朝の知的な活動、午後の遊びなど、一日の生活全般のリズムを確立することを意味するものである。

③ 「生活リズムの確立」は、その名が示す通り「リズム」（規則性）の確立であるが、それだけでは十分とはいえない。生活の中に発達的矛盾を組織するために、リズムとともにアクセントを必要とする。毎日の生活のなかにもアクセントは存在するが、発達的矛盾となりうるような大きなアクセントは、正月や秋祭など四季の行事や運動会や遠足、旅行などに参加することである。こうした行事の時は、生活のリズムが通常の生活とは大きく異なり、夜もかなり遅くまで起きていることになる。しかし、これがアクセントとなり、子どもの内面に発達的矛盾が組織され、それがエネルギー源となって発達を高めるように作用する。当然のこととして、毎日の生活リズムが十分に確立されていて、はじめて精神発達につながるアクセントになりうるという点は強調されなければならない。

④　「生活リズムの確立」は、子どもの発達を保障する際の最も基本的でかつ重要な発達基盤となる。いわば「生活リズムの確立」は、発達保障にとって必要条件として位置づけなければならない。ただし十分条件ではなく、これを基盤とした発達保障への取り組みが重要となる。

⑤　「生活リズムの確立」は、子どもの発達の基盤を形成するとともに、生活リズムの確立それ自体、発達をうながす力をもっている。

⑥　「生活リズムの在り方」は、年齢とともに発達的に変化する。

⑦　「生活リズムを確立すること」によって、その後の発達的取り組みの成果を相乗的に高めることができる。生活リズムの確立を無視または軽視しての発達的取り組みは、その効果を半減させるものである。

⑧　「生活リズムの乱れ」をはじめ、子どもたちの心と体の歪みが相当進行している現代社会にあっては、子どもたちの発達の歪み現象をもたらせた社会的諸要因にするどくメスを入れていく必要がある。生活のリズムを確立し、全ての子どもたちの健全な発達を保障していくためには、保育園・幼稚園、学校などで生活リズムの確立につながるような保育や教育を実施すること及び保護者に自覚的な取り組みをうながすことなどとともに、「子ども本来の生活」を子どもたちに取り戻す運動及びそれと一体のものとしての「大人自身の人間らしい生活」を取り戻す運動と連帯した運動を展開していく必要がある。

生活リズムを考える前に

「脳の幹からしっかりと築いていく」という意味からも、乳幼児期から早寝・早起きをはじめとする生活のリズムを確立することが基本的に大切です。その際、子どもに生活リズムを確立しようとする際の大人側の姿勢がどうであるかがまず重要になってくるように思います。

同じような生活リズムで生活している子どもでも、順調に育つケースとそうでないケースがでてきます。かつて、「朝は5時50分におきるのがよい。起きたらすぐに手と顔と足を冷たい水で洗う。20分から30分程度散歩する。雨の日も雪の日も休まないほうがよい。夜は8時、遅くとも8時半までに寝つくこと」など、一日24時間の過ごし方をこと細かく決

第3章　生活リズムと子どもの育ち

め、これを一年365日、1日も欠かすことなく実践しなさいと主張した人がいました。その人の本を読みますと、最先端の科学的根拠が多数紹介されており、説得力のある内容となっています。

　ある親は「この通りしなくちゃ」と思い、毎日毎日、自分を犠牲にして、しかも子どもの心を推し量ることなく、ある意味では機械的に規則正しい生活をするようにしました。他の親は「そこまでする必要はないのでは」と判断し、ゆとりの持てる範囲内で生活リズムを取り入れようと思い、早寝・早起き・自律起床など基本的なことだけしか実践しませんでした。どちらの子がより豊かに育つでしょうか。当然ながら後者です。前者の場合、どうしても「親が子どもを管理し、子どもは何も考えず受け身に立たされる」という状況になりがちで、結果として子どもの自立心の芽を摘むことになってしまいます。時には、「歪んだ心を芽生えさせる」というツケができることもあるでしょう。

　生活リズムがきちんとしていても、親の心にゆとりがなくては、子どもは順調に育ちにくいです。何ごとにも「落としどころ」があるはずです。親は子どもに完璧を求めてはいけないでしょう。むしろ、「いい加減さ」を大事にしたいです。「いい加減さ」というと「ちゃらんぽらんでよい」と聞こえるかもしれませんが、決してそうではありません。「加えることと減ずること、少なからず多からず、要所をおさえた丁度よいさじ加減」という意味です。

　最近、「親らしい親ってどんな親なんだろう」と時々考えるようになりました。完璧な親なんていようはずがない、いやそんな親がいたら、それは本当の親でないと思ったりもします。どんなに立派な人でも長所もあれば短所もあるのではないでしょうか。人間である以上それでよいと私は割り切っています。「親らしい親」というのは、たぶん「自分のよいところだけでなく、弱点や欠けているところ」を知っている親ではないかと思います。そこで、「子どもをどう育てるか」の前に「私ってどんな人間だろう」と考えてみてはどうでしょか。気のおけない友人とそのことについて話し合ってみてはどうでしょうか。弱いところをなくそうなんて考える必要はありません。己を知ることで、かえってゆとりが持てたりします。子どもに完璧を求めなくてすむかもしれません。

ある高校の講演会に学ぶ

　今から7年前、私の子どもが高校2年生になった春のある日のことです。部活をすませて夜遅く学校から帰ってきて、いきなり「お母さん、明日の朝から朝食はご飯と味噌汁、それに焼き魚と緑黄野菜にしてな」と言うのです。「どうしてまた」と聞くと、「今日、管理栄養士の講演があって、こういう食事をしていると頭のはたらきがよくなると教えてくれたから」との返事が返ってきました。小さい頃は食事にずいぶん気をつけていましたが、最近少々手抜き気味になっていたと思っていたところにこの話です。親は子どもに弱いもの、何と次の日から食卓が一変しました。

　今度は同じ年の秋頃の話です。高等学校から講演会の通知がありました。講師はある大手の進学塾の先生です。「塾の先生の話は……」という先入観がありましたので、気は進みませんでしたが、「今度はお父さんが行って」と妻に言われ仕方なく参加しました。「寝るのを惜しんで勉強させなさい」、この程度の話だろうと思い込んでいた私は、講師の先生の話される内容に驚かされました。

　講師曰く。
「夜中を過ぎてまで勉強するのはよくありません。午前2〜3時頃になると、すごく頭がさえて能率が上がり、俺は天才ではないかと思えるほど勉強がはかどります。しかし、次の日起きると、何も頭の中に残っていません。試験を受けてもよい点がとれません。夜中に能率が上がるというのは、実は単なる錯覚にすぎなかったわけです。気分が高揚していただけで、脳自体はからまわりしていたのです。ここに私どもの塾生の資料があります。要約

しますと、夜遅くまで長時間勉強している生徒に比べ、一定時間集中的に勉強している生徒の方が、成績がよくて、いい大学に多く合格しています」

講演会が終わって席を立とうとすると、隣に座っていた1人の保護者に声をかけられました。「佐野先生、子どもが保育園・幼稚園に通っていた時、先生の生活リズムの講演を聞かせてもらいましたが、高校生にも生活リズムって大切なのですね」と。その数年前に、ここの高校2年生を対象に「生活リズムと脳の覚醒度のリズムとの関係」を調べる実験を行い、一定の知見を得ておりましたので、「そのようですね」と答えたことを覚えています。なお、高校生になってから生活リズムを整えようとしてもなかなか大変です。乳幼児期に規則正しい生活を確立しておきたいものです。

眠りを科学すると

日中のバランスのとれた生活を土台として子どもの成長・発達をしっかりと支えるのが生活リズムです。昔から「寝る子は育つ」とか「早起きは三文の徳」と言われており、しかもそうした諺の意味するところが、最近の科学的研究によっても証明されていますので、なおさら大切にしなければなりません。

ある人が今眠っているかどうか、眠りの深さはどうか、夢を見ているかどうかなどは、脳波と心臓の動き（心電図）、筋肉の活動（筋電図）、眼球の動き（眼球運動電図）などを同時に記録することで、はっきりとわかります。この記録を「ポリグラフ記録」と言いますが、最近問題視されている「無呼吸症候群」の診断も可能です。

人の眠りは、大きく2つに分けられます。今では誰もが知っていることですが、1つはノンレム睡眠（Non REM sleep：Non Rapid eye movement Sleep、つまり眼球が素早く動かない眠り）、もう1つはレム睡眠（REM sleep：眼球が素早く動く眠り）です。ノンレム睡眠は、眠りの深さによって、さらに4段階に分けられています。しばらく自分あるいは配偶者、子どもの眠っている状態と対応させながら以下を読んでみてください。

布団に入ってしばらくすると眠くなります。その時はすでにノンレムの第1段階です。この段階はほんの数分間です。人によっては、眠っているとき、急に体が沈み込むような、あるいは高い所から落ちるような感じ、飛行機に乗っていて、気流の関係で、急降下するこ

とがありますが、その時の体感に似たものを経験することがあります。これはノンレムの第1段階から少し深い第2段階に移行するときに誰にでも起こる普通の現象です。ここで目が覚めなければ、スムースに第2段階の眠りに入ります。第2段階では、ときにいびきや歯ぎしりをすることがあります。寝言を言う人、夢を見る人もいます。寝ついてから30分くらい過ぎますと、今度はかなり深いノンレムの第3段階に入り、その後に最も深い第4段階に移行します。第3段階と第4段階の違いは脳波の形でしか見分けることができません。この段階では、ほとんどの人はいびきも歯ぎしりもしませんし、寝言を言うこともありません。夢を見ることもありません。まさに爆睡状態です。

　ところが不思議なことも起こります。「睡眠中に突然起き上がって歩き回って、再びばたんと眠ってしまう、次の日の朝、そのことを本人に聞いても何も知らない」、そんな場面に遭遇したことはありませんか。これを「夢遊歩行」と言い、ノンレム睡眠の最も深い段階に現れる行動です。夢遊歩行は、子どもにはかなりの頻度で、大人でも時々見られます。ちなみに「何か脳にでも異常があるのでは」と思いがちですか、そういうことはありませんのでご安心ください。ただし、けがをしないよう配慮する必要はあります。

　深い眠りがしばらく続きますと、今度は徐々に浅い眠りに向かいます。ノンレム睡眠の第4段階から第3段階、第2段階へと眠りが浅くなっていくわけです。そして次に現れるのがレム睡眠です。眠ってからここまで来るのに約90分かかります。レム睡眠の脳波は、ノンレム睡眠の第1段階、つまり浅い眠りの時の脳波とよく似ています。ノンレム睡眠と違うところは、特定の筋肉を除いてほとんどの筋肉の活動は停止状態になっていることです。寝返りもできない状態になっています。レム睡眠時には、さらに、心臓の動きが乱れ、呼吸も早くなったり遅くなったりします。また眼球が上下左右に素早く動きます。その時に夢を見ていると言われています。先に述べたとおり、ノンレムの浅い段階にも夢を見ることがありますが、夢の性質が異なっています。ノンレムの時の夢は、「視覚像を伴わず、何かを考えているような夢」です。「考えているような夢を見る」ということで、専門的には「思考型の夢(thinking-like dream)」と言います。一方、レム睡眠時の夢は、主に視覚像を伴いますので、「夢見型の夢(dreaming-like dream)」と名づけられています。かつて色つきの夢を見る人は精神的に不安定であるなどと言われたことがありますが、それははっきり言って間違いです。何の関係もありません。

　今から50年くらい前までは、「夜の眠りは、浅い眠りから徐々に深い眠りに進み、真夜中

第3章 生活リズムと子どもの育ち

に最も深い眠りになって、その後少しずつ浅い眠りになり、朝の目覚めを迎える」と考えられていました。しかし脳波を用いた睡眠研究の進歩によって、そうでないことがわかってきました。

図13は健康な大学生（男性）の一晩の眠りの経過を示したものです。横軸は時間、縦軸が眠りの段階です。黒い太い線の部分がレム睡眠です。横軸のすぐ上の横棒の部分はペニスが勃起している時です。女性の場合は、クリトリスが勃起しています。この図をじっくり見ますと、いろいろなことが読みとれます。

1つは、レム睡眠はノンレム睡眠の後にしか現れていないことです。これは昼寝の時も同じです。先に述べたとおり、レム睡眠の時は、身体を支える筋肉（抗重力筋）の活動は停止状態になります。もし起きている時にいきなりレム睡眠になるとどうなるでしょう。その場に倒れ込んでしまいます。自動車の運転中であれば、大事故につながりかねません。新幹線岡山駅の事故はこれによります。

もう1つは、レム睡眠が周期的に現れていることです。レム睡眠中にペニスが勃起していることも読みとれます。レム睡眠の周期は、人によってかなり異なりますが、平均すると約90分です。ノンレム睡眠とレム睡眠がセットとなり、約90分のリズムを何度となく繰り返し、最後のレム睡眠から朝の目覚めを迎えています。

次に眠りの前半と後半に分けて、もう一度図13を見てください。眠りの前半は、ノンレム睡眠、とくにその深い眠りである第3、第4段階がたくさん出現しています。従って、眠りの前半は大脳が十分に休息をとっているということになります。一方眠りの後半では、レ

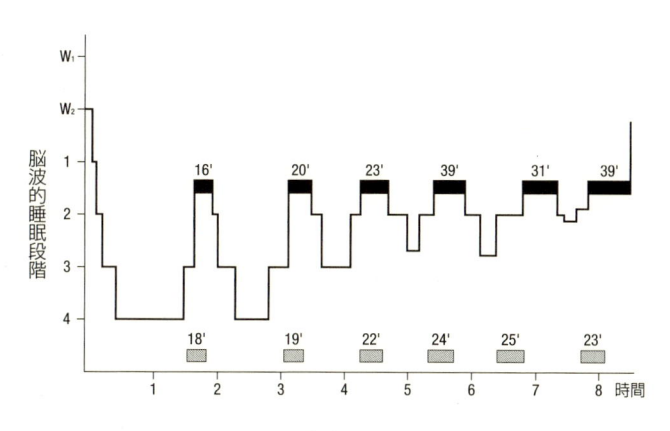

図13　正常成人の夜間睡眠

ム睡眠が主役になっています。ノンレムの深い段階はほとんど現れていません。ノンレム睡眠の浅い段階（第2段階）とレム睡眠の繰り返しのリズムになっています。

　最近の睡眠研究で、「ノンレム睡眠の深い段階から起きると目覚めが悪い。頭がボーとしていたり、不機嫌であったり、時に偏頭痛になったりする。一方、ノンレムの浅い段階やレム睡眠から目覚めると気分がよい」ことが証明されています。そうしますと、人の夜の眠りは、生物学的にも上手くつくられていることになります。朝は本来目覚めがよくなるように体に組み込まれているのです。

　「そんなことはない。私は朝スッキリ目覚めたことなんて、ここ数年ほとんどないよ」とか「子どもが朝なかなか起きてこないので、起こしにいくと機嫌が悪くて困る」、そんな声が聞こえてきそうです。その通りです。確かに今までの話と矛盾する現実が多々あります。ここに示した例は、健康な大学生です。起床と就寝の時刻が比較的安定していて、しかも比較的早寝・早起きをしているケースです。生活リズムが乱れている人にはあてはまりません。

　極端な夜型になっている人のリズムは、就寝後なかなか深い眠りに入れず、早朝になってやっとノンレムの深い段階になります。仕事や通学の関係で一定時刻に起床せざるを得ませんから、目覚まし時計などで起きることになります。もうおわかりだと思いますが、どうしても深い眠りから起きることになるのです。起床・就寝時刻が日によってバラバラという人もいます。その場合は、一晩中、深い眠りであるノンレム睡眠の第3・第4段階が少なくなり、中途覚醒の回数も多くなりがちです。同時にレム睡眠の回数が少なくなる傾向にあります。体も脳も十分やすめない睡眠です。つまり睡眠の質そのものがよくなくて、目覚めが悪くなるのです。

　一日の総睡眠時間と睡眠に占めるノンレム睡眠とレム睡眠の割合は、年齢とともに変化します。生まれてすぐの新生児は一日の大半を眠って過ごします。16から18時間くらいです。その約半分はレム睡眠です。早産の場合は、レム睡眠の割合は60％前後になります。レム睡眠の割合は、生後3ヶ月で約40％、1歳頃は約30％と、その割合が少なくなっていきます。この時期のレム睡眠は生命を育み、脳と体を守り育てるという重要な役割を担っています。ここに「寝る子は育つ」の科学的根拠の1つがあります。

　9歳頃になると、レム睡眠の割合は20から25％になり、以後ほぼ安定します。私たち大人が、仮に8時間の睡眠をとりますと、120分程度がレム睡眠ということになります。日中に新しいことを学んだり、経験したりすると、一時的にレム睡眠の割合が増加します。この

ことは、最初にフランスの生理学者が動物実験で証明し、後に人間でも確かめられています。そうした実験的事実から、「レム睡眠は日中に経験したことをしっかりとした記憶として大脳に刻み込ませる役割を担っている」と考えられるようになりました。

　以上、夜の眠りについて簡単にその概要を述べてきましたが、このような就寝・睡眠・起床のリズムが土台となって、一日24時間の様々な心と体のはたらきのリズムが整えられています。従って、睡眠リズムの乱れは心と体のリズムを乱すという関係にあります。もちろんその逆のことも起こりますので、両者は不即不離の関係といえるでしょう。

睡眠リズムと目覚めの気分

　ノンレム睡眠の4つの段階とレム睡眠、合計5段階の眠りのうち、どの段階から目覚めるかによって、目覚めの気分がよかったり悪かったりします。ノンレム睡眠の第2段階、つまり浅い眠りから起きた時は、目覚めの気分がよいはずです。昼間20分ぐらいウトウトしただけでも、頭がスッキリすることがあるのはそのためです。一方、昼間2時間も眠ったのに頭が重くて気分がすぐれず、何も手につかなかったという経験があろうかと思いますが、この場合はノンレム睡眠の第3ないし第4段階の深い眠りから急に目覚めてしまったからです。

　レム睡眠から起きた時は、目覚めが非常によく、起きた後の活動がスムースにできやすくなります。要するに、ノンレム睡眠の第2段階かレム睡眠の時に起きると爽やかに目覚めることができ、ノンレム睡眠の第3、第4段階で起きると目覚めが悪いということです。これをまとめておきましょう。

* ノンレム睡眠の第1段階（最も浅い眠り）　：目覚めの気分が比較的よい
* ノンレム睡眠の第2段階（比較的浅い眠り）　：目覚めの気分がとてもよい
* ノンレム睡眠の第3段階（かなり深い眠り）　：目覚めの気分が悪い
* ノンレム睡眠の第4段階（最も深い眠り）　：目覚めの気分がとても悪い
* レム睡眠の段階（夢を見ている時の眠り）　：目覚めの気分がとてもよい

眠っている時にみられる様々な行動

主にノンレム睡眠中に出現するもの	主にレム睡眠中に出現するもの	両方の睡眠中に出現するもの
いびき	眼球の早い動き	寝言
はぎしり	ピクピクした体の動き	夜驚
夢遊歩行	ペニスの勃起	夜尿
手の皮膚温の上昇	狭心症の発作	
成長ホルモンの分泌	心拍数の増加と乱れ	
思考型の夢	呼吸数の増加と乱れ	
	夢想型の夢	

　先に説明した図13をもう一度見てください。朝方にはノンレム睡眠の深い段階の眠りはほとんど現れていません。正常な睡眠と起床のリズムを保っている場合には、朝方はノンレム睡眠の第2段階とレム睡眠の繰り返しになっています。そうしますと、朝は大抵、気分爽快に目覚められるはずです。にもかかわらず、現実には「朝の目覚めが悪い子」がたくさんいます。私たちの調査では3人に1人が「目覚めの気分がよくない」と応えています。

　目覚めの気分がよくない子は、次のどれかにあてはまるのではないでしょうか。

① **睡眠時間が足らない時**

　0歳から5、6歳までは、夜の睡眠時間は約10時間を要します。個人差がありますので、9時間半以上の睡眠をとっておれば、まず問題はありませんが、それより短い場合は睡眠不足です。中には8時間たらずしか眠っていない子どももいますが、これはもうはっきりした睡眠不足です。睡眠が不足しますと、当然のこととして、朝の目覚めはよくありません。日中の活動もいきいきとできにくいです。古くは「衣食足って礼節を知る」という諺がよく使われていたようですが、今の時代は「眠り足って礼節を知る」といってもよいほど、遅寝・遅起き、睡眠不足などによって、日中の生活が乱れている子が多いようです。

② 夜更かし、遅起きになっている時

　睡眠時間が十分であっても、遅起き・遅寝をしているのでは、やはり目覚めはあまりよくありません。大脳を覚醒させるはたらきをもっていると言われているコルチゾールというホルモンの分泌のリズムと起床の時刻との間にズレが生じ、目覚めを悪くします（50頁参照）。朝遅くまで寝ていて、かつ睡眠時間が短いと、目覚めの気分はさらに悪くなります。

③ 就寝起床の時刻が日によって大きくことなる時

　日によって、寝る時刻と起きる時刻がばらばらになっていると、一晩中深い眠りであるノンレムの第3、第4段階の睡眠がとれなくなりやすいです。そうすると、一番中うとうと状態が続くようになり、質の悪い眠りになってしまいます。その結果、目覚めが悪くなってしまうのです。

　就寝起床時刻を一定に保つことの大切さが、ごく最近の研究で明らかにされました。モールクラフトら（1997）は、「習慣的自律起床ができる人は、できない人に比べ起床時刻、就寝時刻、睡眠時間の変動が少ない」と報告しています。その後ボーンら（1999）は興味深い研究成果を発表しています。この論文は、世界で最も権威のある科学誌『Nature』に掲載されたものです。まず、大学生を2つのグループに分けて、1つのグループには、夜寝る前に「明日の朝6時に起こす」と教示します。しかし、実際は朝6時に起こすことはしません。もう1つのグループには「何時まで寝てもかまわない」と教示し、自由に睡眠をとらせます。そして、静脈にカニューレを固定しておき、一定時間間隔で血液を採取し、血中に含まれる副腎皮質ホルモンの1つであるアデノコルチコトロピンの量を測定します。このホルモンは、後で述べるコルチゾールと同様、脳を覚醒させる作用を持っています。

　「6時に起こす」と教示された学生は、6時の30分前頃からこのホルモンの分泌量が増加しはじめ、6時前後にピークに達し、その後に目覚めることができます。これは、生物時計の役割を担っている視交叉上核に大脳皮質等がはたらきかけて、その時刻に覚醒できるという機能が働いた結果であると思われます。一方、「何時まで寝てもかまわない」と教示されたグループの学生には、6時前後にアデノコルチコトロピンのピークが認められませんでした。

　これらの結果から、自律起床の習慣を身につけさせることの重要性が理解いただけると思います。

④ 睡眠中にしばしば目を覚ます時

睡眠中にしばしば目を覚ます場合（中途覚醒）にも目覚めを悪くします。これは中途覚醒によってノンレム睡眠とレム睡眠が交互に現れるウルトラディアンリズムに乱れが生じ、本来朝方にはほとんど出ないはずの第3や第4段階の深い眠りに移行することがあり、そうしますと、目覚めの悪い深い眠りから急に起きることが多くなるからです。なお遅起き・遅寝や夜更かしの生活もウルトラディアンリズムを乱します。

一般的にいって、昼間の活動が不足しますと夜の眠りが浅くなり、途中でしばしば目を覚ますことがあります。日中の戸外での活動などを豊かにして、夜にぐっすり眠れるようにしたいです。もちろん疲れすぎても眠りは浅くなります。また情緒が不安定になっていると睡眠リズムに乱れが生じますので、この点にも十分考慮しなければならないでしょう。

⑤ 自分から起きられない時

一人で起きられるか否かも目覚めの気分に影響します。誰にも起こされずに自然に目覚めて自分で起きている場合を「自律起床」、目覚まし時計や誰かに起こされないと起きられない場合を「他律起床」と言います。

最近、自分で起きられない子どもが増えています。図14は保育園の子ども（沖縄・徳島・兵庫・大阪の子どもたち429名、年齢は2～6歳まで）の起床の仕方を示したものです。全体では59％の子どもが「他律起床」です。「自律起床」と「他律起床」の子どもの朝の目覚めの気分を比較してみますと、やはり図14のようになります。「自律起床」の子どもはそのほ

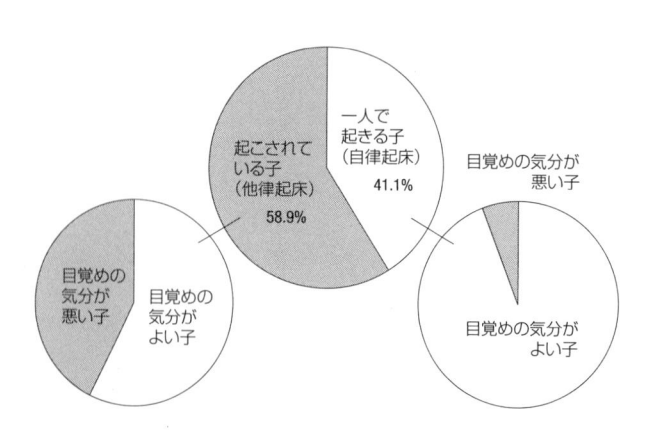

図14　朝の起床の仕方

とんどが、「目覚めがよい」となっていますが、「他律起床」の子どもの半数近くが「目覚めの気分が悪い」という結果になっています。

　このように、遅起き・遅寝であったり、中途覚醒が多かったり、また睡眠不足であったりしますと、朝の目覚めを爽やかに迎えることができず、日中に元気よくいきいきと活動できません。そして、また夜は寝られなくて睡眠のリズムを乱す、といった具合に悪循環になってしまいます。どこかで、これを断ち切らなければなりません。

　次に昼寝の問題ですが、昼寝の後、寝起きの悪い子どもがかなりいるようです。これはノンレム睡眠の深い眠りから無理に起こしているからです。午後、子どもたちがいきいきと遊べるためには、まず目覚めの気分をよくしておく必要があります。目覚めをよくするための取り組みとしては、起こす5分前くらいに、手拍子をとりながらわらべうたを歌い、目覚めない程度に体を少し揺するなどして、浅い眠りにしておいてから起こすようにするとよいでしょう。

　朝は子どもの寝顔を見て、眼球の動きを見るなどして、レム睡眠から起こすように工夫するとよいでしょう。

寝る子を育てる成長ホルモン

　成長ホルモンも、睡眠中に分泌されます。成長ホルモンは体づくりや体のはたらきや体の秩序を保つのに中心的な役割を担っている蛋白質代謝を担当しています。そして、脂質代謝にもかかわっているようです。ですから、日中の活動でしぼり、眠りのなかで新しい栄養素を含んで水分の復帰した関節の軟骨部を骨化し、さらに骨全体を守り、育てるためにも重要な役割をしています。当然、体の筋肉を守り育てるうえにも大切です。また、脳・神経を守り育てるのにも非常にすぐれた役割をもつとされています。

　成長ホルモンは、眠っている時にしか分泌されません。しかも、寝ついてから約70分後に最もたくさん分泌されるという不思議な特徴を持っています。

　この前、私が勤務する徳島大学の学長の講演がありました。学長は内分泌学を専門とする医学者です。1時間半の講演内容はホルモンに関することだけです。私の知らないホルモンの名前が次々に出てきますので、よく理解できない部分もありましたが、講演のなかで

「成長ホルモンの分泌のピークが入眠後約70分にあるという発見は、日本人によるものですが、当時の常識を覆す画期的な研究成果でありました。これが「寝る子は育つ」の科学的根拠の1つになっています」と話されました。

　成長ホルモンに関する学長の話は、ここまででしたが、もう1つ重要な研究の成果があります。それは、夜更かしをしたり、就寝時刻が日によって大きく違ったりなど、生活のリズムが乱れておりますと、成長ホルモンの分泌量が少なくなりやすいのです。昼間だらだらと寝たり起きたりといった生活もよくありません。やはり成長ホルモンの分泌リズムが乱れます。

　幼児であれば、早起きをして、昼はいきいきと活動し、午後の早い時間帯に1時間程度の午睡をとり、夜は早くに寝るという生活を毎日送る必要があります。そうしますと、睡眠中の成長ホルモンの分泌も順調に行われ、心と体の成長・発達が促進されるのです。「寝る子は育つ」のもう1つの科学的根拠がここにあるわけですが、より正確にいいますと、「早寝・早起きの子は育つ」となります。

　幼児期に身体的虐待や心理的虐待、あるいはネグレクト（育児放棄の状態）を受けますと、ノンレム睡眠中に成長ホルモンが十分に分泌されなくなり、身長が極端に小さくなったりします。

脳を目覚めさせるコルチゾール

　コルチゾールは、最近、よくマスコミに登場するホルモンの名称です。一般にはストレスホルモンの1つとされていますが、それ以外に生体にとって大切な役割を果たしているホルモンでもあります。

　コルチゾールは視床下部－脳下垂体の刺激を受けて副腎皮質という臓器から分泌されます。このホルモンは固有のリズムを有しており、朝の6時から6時半頃に多量に分泌され、その後急速に減少し、午後から夕方にかけて漸減するというリズムを持っています。早朝に分泌されるコルチゾールは、朝の目覚めをよくする作用があると言われています。従って、この時間帯に、かつレム睡眠から起きますと、目覚めの気分が一層よくなります。また目覚めた後、約45分間は一過性の分泌増が認められます。この一過性の分泌増は、起きる

時に生じる一時的なストレスに対処するためだと考えられています。なお、お年寄りが3時とか4時に目覚めるのは、加齢に伴いコルチゾールの分泌のピークが早まるからです。

　日中のコルチゾールの分泌量は身体的あるいは心理的ストレスによって影響を受けます。ストレスが溜まっている人は、コルチゾールが多く分泌される傾向にあります。コルチゾールがストレスホルモンと言われる理由がここにあります。

　数年前に地方新聞に「早起きは三文の損」という記事が掲載されました。共同通信の取材記事ですので、ほとんどの地方新聞に載ったはずです。今でもインターネットで検索できますので、「早起きは三文の損」のキーワードで調べてみてください。これは、イギリスの生理心理学者クロー（A. Clow）女史の唾液中コルチゾールの測定を行った研究によるものです。幸い私も生理心理学を専門としておりますので、この記事を読んですぐにクローさんにE-mailを送りました。その翌日、学会誌に投稿する予定の原稿がやはりメールの添付ファイルで送られてきました。

　当時、私どもの研究室では、「早起きは三文の徳」といえるデータを公表していましたので、非常に気になり、この論文を精査しました。大学生46名を被験者とした研究でしたので、私たちも、本学の学生20名に協力を願い、同じ条件で実験を繰り返してきました。その結果、少なくともクローさんの結果は、日本の大学生にあてはまらず、むしろ早起きがいいといえるものでした。なお、クローの研究論文が、後に研究雑誌に公表されましたが、そこには、「早起きは三文の損」という表現は全くありませんでした。そう結論づける証拠にはならなかったからです。

　図15は、大学生を早起き群（7時以前に起きている者）と遅起き群に分け、日中のコルチゾールの分泌リズムを示したものです。図から明らかなとおり、早起き群のコルチゾールは、遅起き群のそれに比べ、低い値で推移していました。クローさんの結果はこれとは逆になっていたわけです。

　さらに実験を重ね、より詳細に分析を試みました。その結果の一部を図16に示します。このデータは、私のゼミ生で大学院修士課程2年生の児玉陽介君の修士論文で得られたものです。生活生体リズムの特性としの「朝型傾向か夜型傾向か」を調べる標準化された検査があります。これは現在早起きをしているかどうかよりも、体のリズムが朝型であるかどうかを調べる検査です。この検査結果に基づいて、まず大学生を「朝型傾向群」と「夜型傾向群」の2群に分けます。次に、実際の今の起床時刻によって、各群の学生を「早起き」と「遅

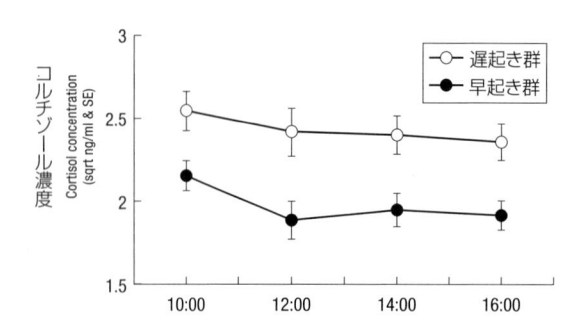

図15　大学生における早起き群と遅起き群のコルチゾール分泌リズム

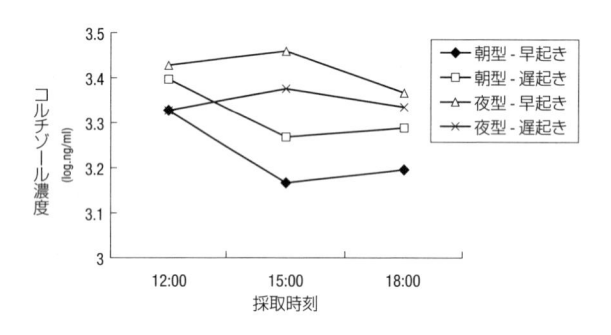

図16　大学生の朝型-早起き群、朝型-遅起き群、夜型-早起き群、夜型-遅起き群のコルチゾール分泌リズム

起き」に細分します。これで「朝型 - 早起き群」、「朝型 - 遅起き群」、「夜型 - 早起き群」及び「夜型 - 遅起き群」の4群ができました。各群の午後の唾液中に含まれているコルチゾールの分泌リズムを示したのがこの図です。4群のうち、最も分泌量が多かったのは「夜型 - 早起き群」でした。次いで「夜型 - 遅起き群」、「朝型 - 遅起き群」の順で高く、「朝型 - 早起き群」が最も低くなっていました。少し研究論文的な表現をしますと、「分散分析という推計学の手法を使って統計的に意味のある差であるかどうかを調べたところ、4群の間に5％水準で有意差が認められた」ということになります。

　その人が夜型であるか朝型であるかは、先天的な要因に加え、幼少期からの生活リズムがどうであったかによって大きく影響を受けているものと思われます。そうしますと、この結果からも、乳幼児期から早起きの習慣を身につけておくことの大切さが示唆されます。

メラトニン

　メラトニンという言葉を聞いたことのある方は多いと思います。お正月に私用で渡米した時に、サンフランシスコ空港の売店で「メラトニン」が売られていましたので、学生に見せる目的で1袋だけ買ってきました。アメリカでは「時差ぼけに効く睡眠薬」としてメラトニンが広く使われています。我が国では医者の処方を要する睡眠薬です。このメラトニンは、私たちの体の中にも自然にそなわっているホルモンの1つです。そして、「夜に多く、日中は少ない」という特有の分泌リズムを持っています。「メラトニンが多すぎると鬱になりやすく、少なすぎると眠れない」いう厄介なホルモンでもありますが、ここで強調しておきたいことは、「メラトニンは思春期の体の成熟速度を左右するホルモンである」ということです。

　そのことを述べる前に、まず、初経年齢（初潮年齢）の時代的変化を見ることにします。古い統計資料によりますと、1989年（明治22年）時点で、日本女性の初経年齢の平均は14.7歳となっています。一方北欧（ノルウェー、スウェーデン）は17歳近くとなっています。当時の北欧の女性の性的成熟は日本女性に比べて随分遅かったようです。図17は、初経年齢が時代とともにどのように推移してきたかを示したものです。いずれの国も初経の低年齢化傾向がはっきりと認められています。発達の早発化現象の1つの証拠です。

　もう1つ貴重なデータがあります（図18）。地球上のどの地域に住んでいるかと初経年齢との関係を調べたものです。例えば、レオネは北緯10度に位置する赤道に近いアフリカの都市で、初経年齢が10歳となっています。この図から北へ行くほど初経年齢が遅くなっていることが読みとれます。

　それでは、このように初経年齢が早まったり、緯度によって異なったりすることとメラトニンとがどのように結びつくのでしょうか。脳の奥深く、間脳の後部に「松果体」という脳部位があります。形が「松ぼっくり」に似ていることから、こんな名称がつけられています。メラトニンはここでつくられ、視床下部に送られます。視床下部は性腺刺激ホルモン放出ホルモンを脳下垂体に向けて分泌しており、脳下垂体はこのホルモンを受けて卵巣に性腺刺激ホルモンを送り出します。その結果、卵巣が少しずつ成熟し、ある年齢に達しますと、月経が始まることになります。このような神経伝達の中で、松果体から分泌されるメラトニンは、視床下部の性腺刺激ホルモンの分泌を抑制するようにはたらきます。ところが、このメラトニンは「暗いところでしか合成・分泌されない」というユニークな性質を持っています。

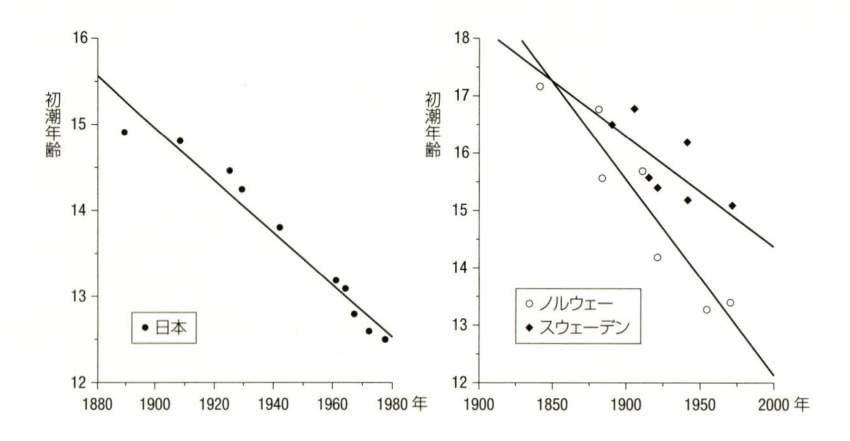

図17　初潮年齢の推移（澤田，1982のデータに基づき筆者が作成）

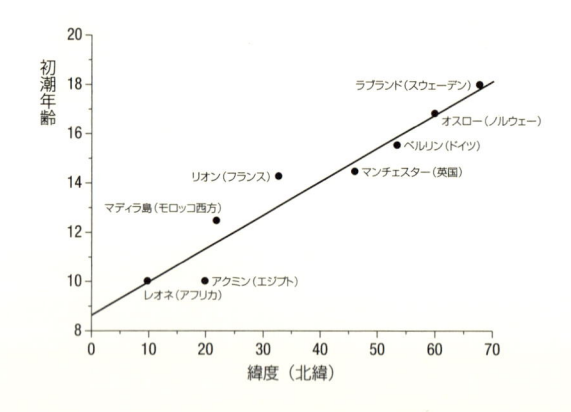

図18　初潮年齢と北緯との関係（Krieger，1969 その他のデータに基づき筆者が作成）

　要するに、明るい所で生活する時間が長くなると、メラトニンの分泌量が減るわけです。そうしますと、減った分だけ視床下部の放出ホルモンの分泌量が多くなり、その結果、脳下垂体から性腺刺激ホルモンが相対的に多く分泌され、卵巣の成熟が早まるということになります。

　光の影響は何も太陽光だけではありません。一定レベル以上の明るさの人工の光もまたメラトニンの分泌リズムに影響を与えています。「鶏に一日2個の卵を産ませるために夜も電灯をつけておく」のと同じようなことが人の体内でも起こっていると考えてよいでしょう。

つまり、小さいときからいつも部屋を明るくして夜更かしを繰り返していますと、月経開始が早まるというわけです。

　メラトニンは、性的興奮を適度に抑制する作用も持っています。別の言い方をすれば、性的に成熟した若者や大人が長時間、明るい所で過ごしていますと、いつの間にか性欲が高まってくるのです。夏場に性的非行が増えるのも、このこととある程度関係していると思われます。

　メラトニンにはあと1つ大切なことがあります。メラトニンは、朝起きてから約14時間後に分泌されるという体内リズムを持っています。朝6時に起きると、夜8時頃から分泌されるようになります。もちろん部屋を暗くするという条件つきです。幼児・小学生の就寝時刻を決める1つの目安として覚えておいてください。

痛みを抑制するβ-エンドルフィン

　β-エンドルフィンは、スポーツ科学の分野でよく研究されています。ある程度以上の運動負荷のかかるスポーツ、例えば、マラソンをすると、このホルモンが血液中に分泌され、気分を爽快にする作用をもっているホルモンです。「ランニングハイ」の状態をつくりだすホルモンです。このホルモンにも一日を周期にした固有のリズムを持っています。「午前9時頃に分泌のピークを持ち、日中はほとんど分泌されない」というリズムが存在します。このリズムが大幅に乱れている中学生がいます。久留米大学医学部の三池教授は、「調査対象となった不登校の中学生の多くが、朝9時頃のβ-エンドルフィンの分泌ピークが見られない」ことを報告しています。

　このβ-エンドルフィンは痛みを抑制する鎮静作用、いわばモルヒネ様作用を持っています。本来人は午前中に痛みなどを感じやすい弱さをもっており、その欠点を補うためにこの時間帯にβ-エンドルフィンが多量に分泌されるのではないかと生物学的に解釈されています。不登校の子どもたちの多くが午前中に頭痛や腹痛を訴えています。医者に診てもらってもどこも悪いところがないと診断されるので、心理的なものではないかということで「心気症だ」と言われていますが、ひょっとしたら、β-エンドルフィンの分泌リズムの乱れが、その生理学的背景にあるのかもしれません。（71頁の「生活リズムから見た不登校」参照）。

生活リズムと体温リズム

　概日リズムの代表格が体温リズムです。午前4時頃が最も低く、6時頃から徐々に上がりはじめ、午前中か午後の早い時刻に36度5分を超え、その後も上昇し、夕方から夜にかけて下降するという、非常にはっきりした概日リズムを呈します。

　起床時の体温は低いほうがよいです。理想的な日中の体温リズムは「起きた直後が一番低く（36度以下でもよい）、日中に36度5分を超え、体温の最高値と最低値の差が1度近く、もしくはそれ以上あること」です。関心のある方は体温を測ってみられるとよいでしょう。まず、起きた時にすぐ測ります。その後できれば1時間毎、忙しい方は2時間毎そして就寝前に測ります。3～4日連続で測定するとよいでしょう。これらのうち、一番よかった

日の体温だけをグラフにします。

　これがあなたの現在の体温の概日リズムです。子どももほぼ同様です。昼寝をしている幼児は、そのとき体温は下がっています。大人でもうたた寝などをすると一時的に体温は低くなります。その時の活動によっても体温は微妙に変化します。細かい上下動は気にしなくてよいですから、全体の傾向がどうなっているかだけを読みとってください。

　体温が上がったり下がったりするのは、視床下部によってコントロールされている自律神経系、とりわけ交感神経系のはたらきと密接に関係しています。交感神経系が活発に働けば働くほど体温は上昇します。逆に交感神経系のはたらきが低下し、副交感神経系のはたらきが、相対的に高まりますと、体温は低くなります。

　「体温が下がりきらない、上がりきらない」という状態は、とりもなおさず交感神経と副交感神経が中途半端にはたらき、中途半端にしか休めていない、神経の休まる暇がないという状態にあると言えます。これが不定愁訴や自律神経失調症のはじまりです。その主な原因はストレスの蓄積と生活リズムの乱れにあります。

　膀胱に溜まる尿の量にも、当然のこととして「夜に少なく、昼間に多い」という概日リズムが存在します。これも自律神経のはたらきに負うところが大きいです。夜尿のことで相談に行くと、多分「心配しなくてよいでしょう。子どもを叱ったり、夜中に起こしたりはしないでください。そのうち治ると思いますから」と言われるでしょう。それでよいのですが、加えて、生活リズムを整え、朝お父さんやお母さんと楽しい散歩をすると、意外に簡単に夜尿の苦しみから解放されるかもしれません。その原理は「メリハリのある自律神経のはたらきを形成すること及び膀胱の興奮を脳に伝達する機能を高めること」にあります。「親と楽しく」というのは、親子の心の触れ合いに重きをおいてのことです。

生活リズムと朝の食事

　「生体リズムに調和した生活のリズムを確立しよう」という目標を達成するためには、これまで述べてきた通り、「早起き・早寝の生活をしっかりと確立し、夜はぐっすり眠り、午前中に知的な活動をし、午後は遊びきる」という「睡眠⇒起床⇒活動⇒就寝」のリズムを規則正しく整えていかなければなりません。

しかし、それだけでは必ずしも十分とは言えません。少なくとももう1つ大切にすべきことがあります。それは食生活のリズムを確立することです。これとて当たり前のことなのですが、現実には相当乱れているようです。例えば、「朝食欲がなくて食べ残したり、朝食抜きで園や学校に通っていたりする子どもがかなりいる」と聞きます。朝食はご飯と味噌汁とおかずがよいと思われるのですが、パンと牛乳あるいはジュースだけというケースも多くなってきています。これらは、やはり食生活の乱れの例です。食生活リズムの乱れは、とりもなおさず生活リズムの乱れでもあります。

　戦後、「パンを食べると健康になり、頭がよくなる」などといった宣伝がなされ、日本全国にパン食が普及し、今ではずいぶん定着してきています。しかし、日本人は何千年もの間、米飯を食べてきたわけで、「ご飯と味噌汁とおかずを、箸を器用に使って食べる」ことで、すぐれた文化を築いてきたと考えるほうが正しいように思います。最近になって、やっと「伝統的な日本の食事を大切にしよう」との気運が高まってきたようです。アメリカでも「日本食」がブームになってきているほどです。もちろんパン食が絶対によくないということではありません。「パンとバターと牛乳」だけを食べている子どもが多いのが問題です。「ご飯と味噌汁とおかず」の場合と摂取する食品の数で比較してみますと、その違いがよくわかります。米飯の場合は、米、味噌、豆腐、ワカメ、ネギ、タクアン、これだけでも6種類になります。これにおかずがつきますので品数はさらに多くなります。パンと牛乳のみの場合は、パン、バター、牛乳の3種類にしかなりません。これに目玉焼きとハムと野菜をつけてもやっと6種類です。

　朝食は一日の食事のなかでも特に大切なものです。というのは、頭の構造には蛋白質や脂肪などが大事です。そして頭の中でエネルギーとして使うのは、ブドウ糖だけです。その頭の中で使うブドウ糖は朝食で食べた澱粉から摂ったものが、最も大量に使われているからです。「朝食抜き」、「パンと牛乳だけ」といった食事では「頭よ、今日はお休みなさい」という状態をわざわざ作っていることになります。このように体の健康にはもちろんのこと、頭のはたらきにも欠くことのできないのが朝食です。たっぷり食べさせるようにしたいものです。

　食生活の乱れは、子どもの育ちに多大な影響を及ぼします。例えば、朝食抜きによる貧血や大脳のはたらきの低下、さらには栄養のアンバランスによる栄養失調状態、ビタミンB_1欠乏による脚気、カルシウム不足による骨の育ちの弱さなどです。

最近の子どもたちの食生活については、エネルギーや蛋白質、脂肪、糖分、塩分などはやや多めに摂取されているが、カルシウム、ビタミンAやB₁、鉄分が不足しているということが、これまでに実施された数多くの調査結果で明らかにされています。

ところで「オカアサンハヤスメ料理」というのがあるそうです。食卓によく登場している献立を並べてみるとこうなるというわけです。「オ（オムレツ）」「カア（カレーライス）」「サン（サンドイッチ）」「ハ（ハンバーグ）」「ヤ（ヤキソバ）」「ス（スパゲティ）」「メ（メダマヤキ）」です。子どもたちに大変人気のある献立ばかりです。

また、インスタント食品、冷凍食品、レトルト食品といった手間のかからないものが食卓によく登場するようになりました。外食産業の「○○弁当」「××すし」などもよく食べられているようです。さらに間食についても、スナック菓子、チョコレート、アイスクリーム、クッキー、ジュース類など、いろいろなおやつを食べています。おやつというのは「八どき」つまり午後3時に食べるという意味なのですが、今は一日中だらだらと食べているようです。

これらの食べものばかりを食べていますと、栄養素の構成に不調和を起こしますが、問題はそれだけにとどまりません。どの食品にも共通している点は、「美味しく、軟らかく、食べやすい」ということです。美味しいというのは結構なことですが、軟らかく食べやすいというものだけを食べているのは問題です。子どもの育ちを悪くします。

人間のすぐれた特徴の1つに雑食性をあげることができます。雑食性ですから、硬い物もあれば軟らかい物もあります。繊維質の多い野菜などはしっかりと噛まなければなりません。「噛めば噛むほど味がでる」スルメなども顎がだるくなるほど咀嚼をしないと食べられません。そういう食事行動が顎の発達をうながし、咀嚼力を強め、また舌の動きをなめらかにするように作用します。

　ところが、「オカアサンハヤスメ料理」ばかり食べていますと、顎の育ちが弱くて、咀嚼力が育っていない子どもになってしまいます。いわゆる「ドラキュラ歯」の子どもが多くなってきたと歯科医たちは嘆いております。これも顎の育ちが不充分であるからです。

　咀嚼力が育っていないと、また舌がなめらかに動かないと発音が不明瞭など、言葉の発達にも悪影響がでてきます。事実、そういう子どもたちが増えています。「美味しく、軟らかく、食べやすい」ということだけで食事を構成するのではなく、人間の優れた特徴の1つである「何でも食べる雑食性」を最も大切にした食生活のリズムを子どもたちに早く取り戻したいものです。

　食生活のリズムで次に大切なことは、食事の時間帯を一定化することです。食生活は、朝、昼、晩の3度の食事と、午後3時ごろに1回とる間食が基本となります。その際、気をつけなければならないことは、食事時刻をほぼ一定に保つことです。食生活のリズムが乱れておりますと、私たちの体に備わっている生体時計を狂わすことにもなりかねません。

　その例を1つだけあげておきます。先に「コルチゾールというホルモンは朝方に多量に分泌され、目覚めの気分をよくする」と述べましたが、このホルモンはエネルギー代謝にも関与しています。コルチゾールは睡眠のリズムが少々乱れても、分泌のリズムに影響は出てきませんが、食生活のリズムの乱れによっては直接的に影響を受けます。エネルギー代謝に関与しているコルチゾールは、人体の時計のはたらきにおいても重要な影響を持っていることでもよく知られているわけですし、インシュリンの分泌などでも食事に関係しながらも日内変動（一日を周期にした分泌のリズム）があるとされています。それなのに、食事時間の乱れによって、人間にとって大切なエネルギー代謝に関係する分泌リズムのあるホルモンまでも、日によって変更さようとすることになり、分泌の時刻と分泌の量などに変化を生じさせ混乱を起こさせていくことになります。つまり、食事は単に必要な栄養素を十分に摂ればこと足れりということではなく、食事時刻が日によって異なっているということ自体、ホルモン分泌の日内リズムをはじめ、体の様々なリズムに影響を及ぼし、体に害をきたす

ことになるというわけです。

　さらに、間食を何回も摂っていたり、食事と食事の間に牛乳をだらだら飲んでいたりするのもよくありません。だらだら食べていますと、自律神経やホルモンの分泌のリズムが乱れやすくなります。自律神経は交感神経と副交感神経からなっていますが、両者は拮抗的に働いています。すなわち、交感神経が働いている時は副交感神経が休み、逆に副交感神経が働いている時は、交感神経のはたらきは相対的に低下しています。一般的には、夜は副交感神経のはたらきが高まり、昼間は交感神経が主役として働いています。

　ところが、食事によっても自律神経のはたらきは影響を受けます。食物が胃に入りますと副交感神経がよく働くようになります。昼食の後で少し眠くなるのはそのためです。

　それでは、どのような食生活のリズムを確立するのがよいでしょうか。まず朝食ですが、これは7時頃に食べるのが一番よいと言われています。但し、朝食をたっぷりと食べられるかどうかは朝の起床の時刻にも影響されます。

　朝食の後、12時の昼食までは何も食べさせないのがよいでしょう。間で牛乳を何回も飲むのもよくありません。ただし0歳児は別です。

　午後は3時から3時半の間に1回間食を摂るようにします。夕食は6時から6時半の間に食べるのがよいとされていますが、仕事から帰ってすぐに食事の準備にとりかかったとしても不可能な場合が多いと思います。そこで少し遅らせて7時頃までに食べるようにすれば、それほど問題はないと思います。

　ところで、小学生や中学生では夜食を摂る子どもが多くなっています。これも食生活の乱れの1つです。夜はコルチゾールなどの分泌が低下している時間であり、自律神経も主として副交感神経が担当すべき時間ですから、夜寝ていて胃のぜんどう運動も促進されている状態にあるのが本来の姿です。そうしたことを無視して、夜遅くまで起きていて、しかも夜食を摂ったりしますと、体にとってよいことは何ひとつありません。

　以上、簡単にみてきたことからもわかる通り、食生活のリズムも生活リズムを確立していくうえで極めて大切な要因になっています。

　「いろいろ工夫して朝食を作っているのに食べてくれない」と嘆いているお母さんも結構多いようです。朝食をたっぷり食べられるかどうかは、起床の時刻や食事時刻などとも密接に関係しているようです。

　図19・図20、は3歳以上の子どもについて、起床時刻と起床から朝食までの時間と食欲

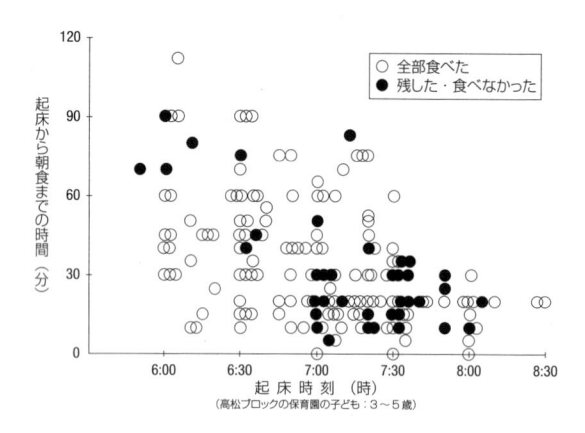

図19 起床時刻と食欲の関係 - 1

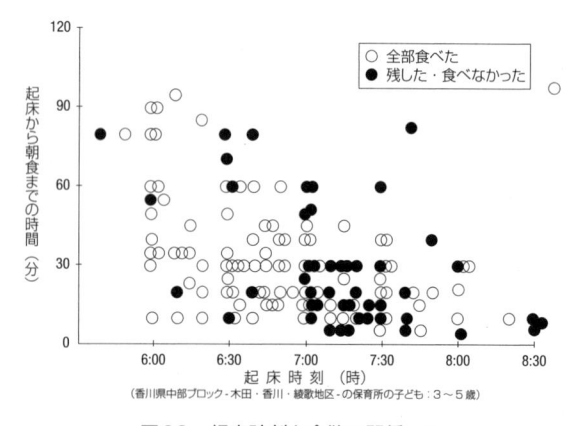

図20 起床時刻と食欲の関係 - 2

との関係を示したものです。図は横軸に「起きた時刻」、縦軸に「起きてから食事をするまでの時間間隔」を各々とっています。そして、朝食を残さずに食べた場合は「○」、朝食に手をつけなかったり、食べのこしたりした場合は「●」で示しています。

この図から2つのことがはっきりとわかります。1つは6時半以降、特に7時以降に起きている子どものなかに朝食に手をつけなかったり、食べ残していたりするケースが多いということです。いま1つは起きてから30分以内に食事をしている場合にも、朝食が十分食べられていないということです。なお、起きてから食事をするまでの時間があまり長すぎると、かえって食欲がなくなるということも、この図から言えるかもしれません。

6時半までに起きて、30分から1時間以内に食事を摂っている子どものなかに一部です

が、食欲のない子どもがいました。詳細に調べてみますと、前日に睡眠が不足していた場合が多いようです。そうしますと、朝の食欲を増進する1つの手立てが明らかになりました。十分な睡眠をとり、朝は6時半までに起きて、少なくとも30分から1時間ぐらいしてから朝食を食べるようにすることです。さらに言えば、早起きして、30分ぐらい親子で楽しい散歩をして食事をしますと、より一層食欲がわいてくるはずです。是非実行していただきたいです。

生活リズムと日中の行動

「睡眠時間はどれくらいがいいのですか」とよく聞かれます。すぐに答えが返ってくると思われるでしょうが、私たちにとっては正解を出しにくい質問です。少なくてすむ子もおれば、長時間眠る必要のある子もいます。今のところ必要とする睡眠時間についての科学的根拠は明らかにされておりません。日中にいきいきと活動できておれば、今の睡眠時間でよいかもしれません。しかし、あまり短すぎても逆に長すぎてもよくないことは確かです。そこで、ここでは、乳幼児の夜の睡眠は9時間半から10時間半くらいという程度にしておきます。なお、大人の場合は個人差がありますが、約7時間と言われています。

一方、朝、何時頃にどのようにして起きるのがよいかとなりますとこれには、はっきりとお答えできます。「6時から6時半の間に誰にも起こされずに自然に起きる（自律起床する）のが理想」ということになります。これより早いのも、遅いのも、あまりよくありません。6時より早くに起きていますと、午前中にかえって眠くなることがあります。6時半を超えていると、これも午前中脳のはたらきが活発になってくれません。

この時間帯に自律起床している子ども（これを早起き自律起床群とする）と、6時半以降に誰かに起こされている他律起床の子ども（これを遅起き他律起床群とする）の日中の脳の覚醒度や行動レベルでの活動状態を調べるとかなりはっきり違いが出てきます。

早起き自律起床群の子どもは、起きてしばらくすると、元気に次の活動に移ることができます。保育園・幼稚園で朝からいきいきと活動できやすいです。集中して、遊べるようになり、先生のお話を聞けるようになりやすいです。体温を測ってみてください。体温リズムの乱れている子は、非常に少ないはずです。

遅寝・遅起き他律起床群は、目覚めの気分がよくないことが多いですから、ぐずぐずしがちです。起きる時間が遅いので、時間に追われ、お母さんがナーバスになってしまい、「早く顔を洗いなさい。しっかりご飯を食べて……」などとうるさく指示を出すという状況に陥りやすいでしょう。朝食もそこそこに園に送っていくのですが、なかには、お母さんの服をつかまえて、「いや」を連発する子もいます。まだ十分に目覚めていないことによるものだと思われます。午前中はぼんやりしていますが、昼寝から起きる頃に元気が出始め、降園の頃になるとやっと活発に動けるようになります。夕方から夜にかけて、一段と頭がさえるようになりますので、なかなか寝ないでしょう。

　そういえば、小学生の中に、「学校では授業中にダラダラしていて、夕方学習塾に行くと、いきいきと勉強する」という子どもがいます。「学校の教え方に問題があるのでは」と思いがちですが、必ずしもそうではありません。遅起き他律起床群の子どもの多くは、「午前中は脳が十分目覚めておらず、午後3時頃からやっと目覚めはじめる」というリズムになっています。だから塾では元気になれるのです。

　さて、「6時から6時半の間に起きるのが理想」といえますが、6時に近い方がいいのかどうかとなりますと、これは一概には言えません。6時頃がよい子もおれば、6時半頃の方がかえってよいという場合もあります。子どもの様子やご家庭の状況など、総合的に判断して、時刻を決められたらよいと思います。

　就寝時刻は、その子に必要と思われる睡眠時間を考慮にいれて、8時から9時頃に寝るとよいでしょう。

生活リズムからみた不登校

　不登校の子どもの生体リズムがどうなっているかに関する研究が、ここ10年ぐらいの間に数多く報告され、いろいろなことが明らかにされてきています。因果関係は別としても、不登校の子どもは生活リズムが大きく乱れていますが、生体リズムもまた相当に乱れています。

　不登校児は、寝つきが悪く朝の目覚めも悪くなっており、睡眠・覚醒の位相がずれています。眠りの質にも異常をきたしています。図21は、不登校児（中学生）の睡眠経過図です。

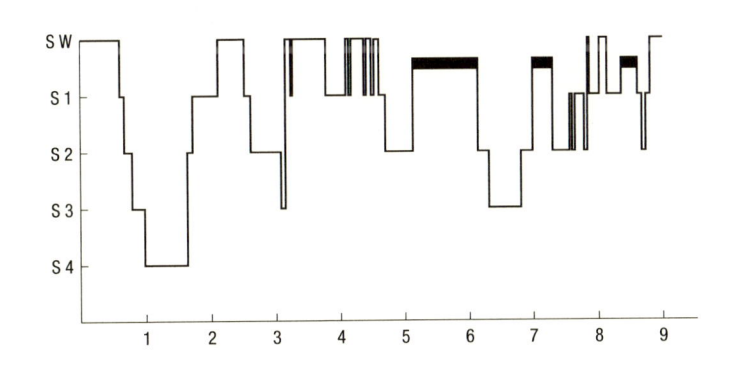

図21　不登校児（中学生）の夜間睡眠

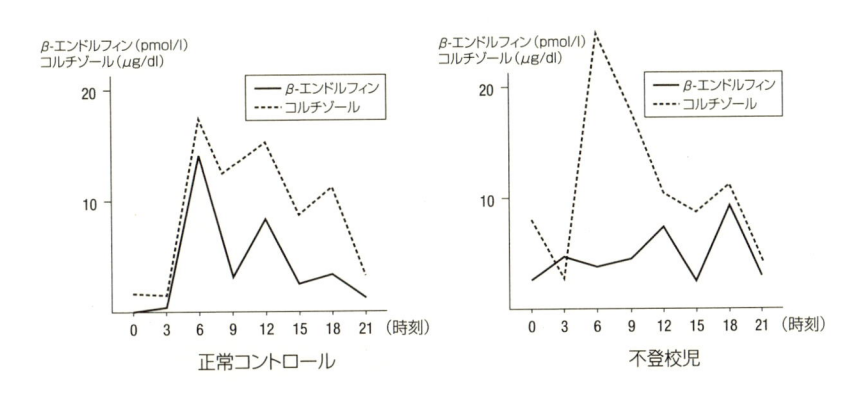

図22　不登校児（中学生）のコルチゾールとβ-エンドルフィンの概日リズム

ここで、SWは覚醒を意味します。この図を眠りのところに示した図13と比較すると、その違いがはっきりします。ノンレム睡眠の深い段階とレム睡眠が少なく、中途覚醒が多くなっています。通常の眠りでは、約90分の周期でレム睡眠が出現するというリズムが存在するのですが、不登校の睡眠にはそうした周期が認められません。

　図22は、不登校児のコルチゾールとβ-エンドルフィンの概日リズムを示したものです。不登校でない子と比較してみると、「コルチゾールのリズムは正常ではあるが、β-エンドルフィンの概日リズムは消失している」ことがわかります。β-エンドルフィンの乱れは、調査対象となった34例中26例（約76％）の不登校児に認められています。不登校の子どもに比較的共通に認められる、午前中の頭痛や腹痛のいわゆる「心気症」の発生要因の1つにβ-エンドルフィンリズムの乱れをあげることができます。

　その他、尿量（42例中25例：59.5％）、皮膚の電位水準（27例中5例：18.5％）の概日リズムなどにも異常が認められています。

　不登校ではありませんが、生体リズムの乱れによると考えられる症状に「起立性調節障害」というのがあります。生活リズムの乱れが、その主な原因です。頭痛、腹痛などの不定愁訴は朝に現れ、午後には消える傾向にあります。ノンレムの深い眠りが少ない、レム睡眠の回数が少ないなど、睡眠リズムにも乱れが起こっています。また、尿量のリズムに乱れがあるなど、不登校と共通したものを持っていると考えられます。

第4章
こんな生活してみませんか

　第1章で深刻な子どもの現状を述べました。しかし、幼児から小学生、小学生から中学生へと、大きくなるにつれて、たくましく育っていく子どもたちもたくさんいます。そんな子どもに育ってほしいとの願いを込めて、前述した様々な科学的知見を根拠とし、そのうえで人間らしい豊かな心を育める子育て実践を具体的に提起します。これは、「一日24時間を見通した日々の生活の仕方」であり、「10年後の子どもの育ちを見通した日々の生活の仕方」でもあります。私たちの長年にわたる実践的研究に基づいての提案です。主に幼児・小学生を対象としておりますが、中学生以上にも通じるものです。大人の健康にも大変役立ちます。とはいっても特別なことは何ひとつありません。お金もかかりません。だまされたと思って、取り入れてみてください。ただし、生活のリズムが乱れている子には、最初の数週間は、かえって調子が悪くなることがあります。しかし、それを乗り越えますといきいきしてきます。あくびばかりしていた子が朝から元気になります。授業中、集中して先生の話を聞けるようになるはずです。

自律起床の習慣を身につけましょう

　誰にも起こされず、一人で機嫌よく起きられること（自律起床）も、大切な生活のリズムです。私たちの調査で、「自律起床の子の9割は目覚めの気分がよく、誰かに起こされている他律起床の子の6割は目覚めが悪い」という結果が得られています。
　一日の生活は、朝起きるところからはじまります。目覚めの気分が爽やかだと「何となく今日一日が楽しく感じられる」から不思議です。「いつも朝寝坊し、親に起こされ機嫌が悪

い子」がたくさんいます。機嫌が悪いうえに、登園・登校までに時間がない、それでも子どもはぐずぐずしているので、親は口うるさく何度も注意するといった光景が目に浮かびます。これでは自立心は芽生えません。朝は早くに自分で機嫌よく起きる習慣を身につけさせたいものです。

　具体的には、朝早く起こすことからはじめてください。例えば、6時起床と決めたら、毎日6時には必ず起こすようにします。一時的に調子が悪くなることがありますが、しばらく根気よく続けていると、自分で機嫌よく起きられるようになります。夜も早く寝るようになりやすいです。

夏は6時、冬は6時半に起きる習慣を

　幼児や小学校低学年生にとって、何よりもまず大切なことは、「早起き・早寝」の習慣をしっかりと確立することです。これが全ての基本です。

　早起き・早寝の子と遅起き・遅寝の子の日中の大脳の活動のリズムははっきりと違います。夜早くに寝て早起きしている子は、起きてから2時間もすれば、大脳が活発に働くようになります。朝からいきいきと活動できるリズムです。この状態が昼間も持続し、夕方から夜にかけて、大脳のはたらきが低下し、眠くなるというリズムになっています。

　一方、遅起き・遅寝の子は、なかなか大脳は目覚めてくれません。午前中は、何となくしんどいとか、あくびが出たり、注意散漫な状態が続いたりします。大脳が目覚めはじめるのは昼過ぎてからです。やっかいなことに夜になるほど頭が冴えるという夜型のリズムになります。これでは、園や学校で先生のお話を十分に聞くことができません。勉強したことがすんなりと頭に入ってくれません。

　朝は6時、遅くとも6時半までに起床、夜は8時半遅くとも9時までには就寝できる生活のリズムをしっかりと整えたいものです。夏は6時起床、冬は6時半起床でもいいでしょう。

早朝散歩のすすめ

　朝起きたら戸外に出て、10分から20分くらい散歩をします。親子で道草しながらの楽しい散歩です。毎日するのが理想ですが、週3回程度でもかまいません。多動傾向にある子、自閉症傾向のある子は「坂道を登って、階段を降りる散歩」が効果的です。ただし、この場合は毎日20分から30分の散歩がよいです。

　「お父さん（あるいはお母さん）との関わりがちょっと」と感じられているご家庭であれば「朝の散歩はお父さん（あるいはお母さん）と、その間にお母さん（あるいはお父さん）が朝ご飯をつくる」というのはどうでしょう。お父さんと子どもで楽しい散歩をするだけでも父子関係は相当に改善されます。「我が家はお父さん（あるいはお母さん）がいないから」と心配される方がいると思いますが、ご安心ください。「お父さん（あるいはお母さん）がいなくても、今家庭を構成している大人たちと子どもたちとの関係が豊かであること」、これが一番大切なことですから、お母さん（あるいはお父さん）との散歩で十分です。「父親（あるいは母親）がいるが、心理的に父親（あるいは母親）不在」というのが一番の問題です。

朝食はたっぷり

　朝食抜きの生活はよくありません。朝は脳に栄養を送り込むためにも朝食は大切です。「朝食抜き」では、日中に大脳が十分に働いてくれません。

　食欲がわかない理由は、3度の食事時間が不規則とか、間食の摂りすぎなど、いくつか考えられます。朝食に関しては、起きてすぐに食べている場合です。起床直後は、心も体も十分目覚めていません。これでは食も進みません。起きて30分から40分経ってから朝食を摂るのがいいです。その間に散歩をしておくと食欲がさらにわいてくるでしょう。

　「早起き・散歩」の習慣が身につきますと、子どもは見違えるほど元気になります。「登園・登校の準備がなかなかできず、親が口うるさく注意し、最後は親が手を出してしまう」といった、よくない生活パターンから脱出できるでしょう。歯みがきは忘れないようにしましょう。

うんちをしてから出かけよう

　うんちをしてから「登園・登校する」習慣も大事です。とくに男の子の場合、学校で大便をするのには抵抗があります。「あいつうんちしてた」といじめられることもあります。そこで、うんちを我慢することになります。これは辛いことです。朝うんちをしておくと、夜まで排便をしなくてすみます。朝の散歩は排便を促進します。早くに起きて、散歩をし、朝食を食べると、自然にうんちが出るようになります。大人の便秘にも効果的です。幼児期に朝うんちをする習慣が身につきますと、この習慣は一生続きます。

午前中は手を使った遊びを

　保育園や幼稚園では、午前中に、まず20分くらい全身を使って、走る、跳ぶなどリズミカルに体操表現をするような活動をします。ついで、手遊びや指遊びなどでしっかり楽しんだ後、粘土・紙・毛糸などの「変化する素材」やできれば木製の道具（積み木を含む）を使

って、手を使った活動をします。1歳前後までは、腹ばい、四つばい、高ばいなどをするといいでしょう。また、手を使って、破ったり、積み木を持って遊んだりなど、いたずらから道具操作へのはたらきが育つような環境づくりをします（河添邦俊・佐野勝徳編著「子育ては保育所とともに」、エイデル研究所、1985参照）。

昼寝をして、戸外で遊ぶ（幼児の場合）

　幼児には午後に1回の午睡を必要とします。その時間帯は12時半頃に寝て2時に起きるのが理想です。これより遅くまで寝ていますと、夜に早くに眠れなくなります。なお、夕方子どもと一緒に買い物に出かけたとき、車の中で仮眠をとる子どもがいますが、仮眠の後、子どもはとても元気になります。これは短時間の仮眠は、ノンレム睡眠の第2段階から起きることになりますので、スッキリと目覚められるからです。しかし、これがまた夜の寝つきを悪くしてしまいます。夕方の仮眠には気をつけてあげてください。幼児の昼寝は何歳ぐらいまで必要なのでしょうか。これに回答するのは、結構難しいのですが、3歳過ぎまでは必要です。その後は個人差が大きいですから、子どもの様子をうかがいながら判断すればよいでしょう。昼寝の後は、おやつを食べて、園庭や近くの公園などで、同年齢や異年齢集団で自由にのびのび遊びます。築山を登り降りできたり、やかくれんぼができたりするような環境があれば最高です。すべり台、ブランコ、ジャングルジムなどで遊ぶのもいいでしょうし、ビー玉、面子、けんぱ、石けり、ボールころがしなど、いろいろな遊びが展開できる環境を用意することも大切です。

子どもに役割を持たせる

　多くの保育園や幼稚園では、「いい環境で子どもたちが自由に過ごせる保育・教育」を実践しています。小学生にも遊びは大切です。しかし「遊んでさえおれば子どもは豊かに育つ」ということではありません。すでに述べたとおり、もう1つ大切なことがあります。
　私たち大人でも誰かに頼りにされる存在は居心地がいいものです。一方、いつもお客さ

ん扱いの生活は、決して長続きしません。居心地も悪くなります。子どもとてそうです。「親から頼りにされている」と感じている子は、生きがいを持って生活できるようになります。例えば、お父さんあるいはお母さんのお手伝いをしている子は、「お父さんお母さんに頼りにされている」「お父さんお母さんを助けている」と感じるものです。そんな子は家庭での居心地もよいでしょう。

　「毎日たっぷり遊んで、家庭では役割が与えられ、親に頼りにされる存在」、そんな生活が子どもの居心地をよくし、安心して毎日を過ごすことができ、心優しい思いやりのある子に育つのではないでしょうか。小さい子には、例えば「朝新聞を取ってきてお父さん・お母さんにわたす」、これをその子の日課にするのです。「遊んだ後のおもちゃを一緒に片づける」のもいいことです。もう少し大きくなると、「親と一緒に食後の片づけをする」、「部屋の掃除をする」など子どもができるお手伝い、仕事はいっぱいあるはずです。そんな役割を是非与えてやってください。そして、継続が力となるよう「その仕事が子どもの役割」と位置づけ、長く続けさせてほしいです。

リラックスタイムをつくる

　7時頃までに夕食をすませ、後片づけが終わったら、のんびり過ごせるリラックスタイムが持てれば最高です。テレビはなるべく消しましょう。絵本を読んであげたり、親子で遊んだり、楽しい会話などをする時間です。全員が揃っているにこしたことはありませんが、仕事の都合などでそうもいきません。今家庭にいる大人と子どもが楽しく過ごすことができれば、それでよしとします。それで十分ですから。どんな絵本がいいかなどについては、第5章を参考にしてください。

　歯みがき・入浴などをすませ、空気を入れ替えた寝室で、裸になってパジャマに着替え、後は寝るだけです。同じ部屋で親子が一緒に寝るのは大いに歓迎ですが、布団は別々にしましょう。同じ布団では、睡眠中の体動を妨げ、また体温リズムを狂わせたりする恐れがあるからです。

リズムとアクセントのある生活

　以上のような日々の生活を「リズムのある生活」と呼んでいます。これらの習慣が身につくまでに1カ月ぐらいかかります。その間ちょっと大変かもしれませんが、その後は親も子も楽になります。何よりも子どもがいきいきとしてきます。自分で考え判断し行動できる子に育ちます。だまされたと思って実践してみてください。

　この生活リズムが確立できたら、時には（子どもの誕生日、家族旅行、地域のお祭りの時など）、何の束縛もない気ままな一日を過ごしてみるとよいでしょう。年末に「除夜の鐘を聞いてから寝ようね」なんて素敵です。これが「アクセント」です。

　リズムのある生活は豊かな心と体の成長と発達のしっかりした土台を形成させます。そこに「アクセント」を導入しますと、子どもの心にゆとりと幅が育まれます。自立心旺盛なたくましい子に育ちます。「生きる力」の源泉になります。

心と心の向かい合い

　子どもの育ちを考えるとき、ともすれば目先のことや「大脳を育てる育児法」なるものだけにとらわれがちですが、なによりもまず家族全員が協力しあえる暖かい家庭をつくることを忘れてはなりません。お父さんも「子育ては母親の責任」と決めつけるのではなく、おおいに子育てに具体的に関わってほしいです。ほめることが大切ですが、時には叱ることもあります。口うるさいのや、体罰を与えるのはよくありません。しかし、中途半端な叱り方では逆効果です。親子が向かい合って、例えば正座し、目の高さを同じくして、納得するまで叱りきることです。

　私たちは「心と心の向かい合い」を大切に考えています。例えば、保育園のお迎えの時、お子さんの目をみて「迎えに来たよ」と話かけます。また幼稚園や小学校から帰ってきたときに、仕事の手を休め、お子さんと目を合わせ「お帰り」と声をかけます。

　子どもが何か悪いことをしていると、相手の目線から逃れようとするように、また例えば、学校でいじめられているときに、言葉で親に伝えることができなくても、目が「危険信号」を出すように、「目は心の窓」として重要な役割を果たしています。子どもはいつでも心

と体で向かい合ってくれるお父さん・お母さんに安心するはずです。

「リズムとアクセントのある生活」をはじめて公表したのは1986年です。その後、研究と実践を通して、少しずつ改訂を加えてきました。その間、講演等でこの話をしてきました。最後に「一日の生活の仕方」をイラストにしたものを掲載しておきます。

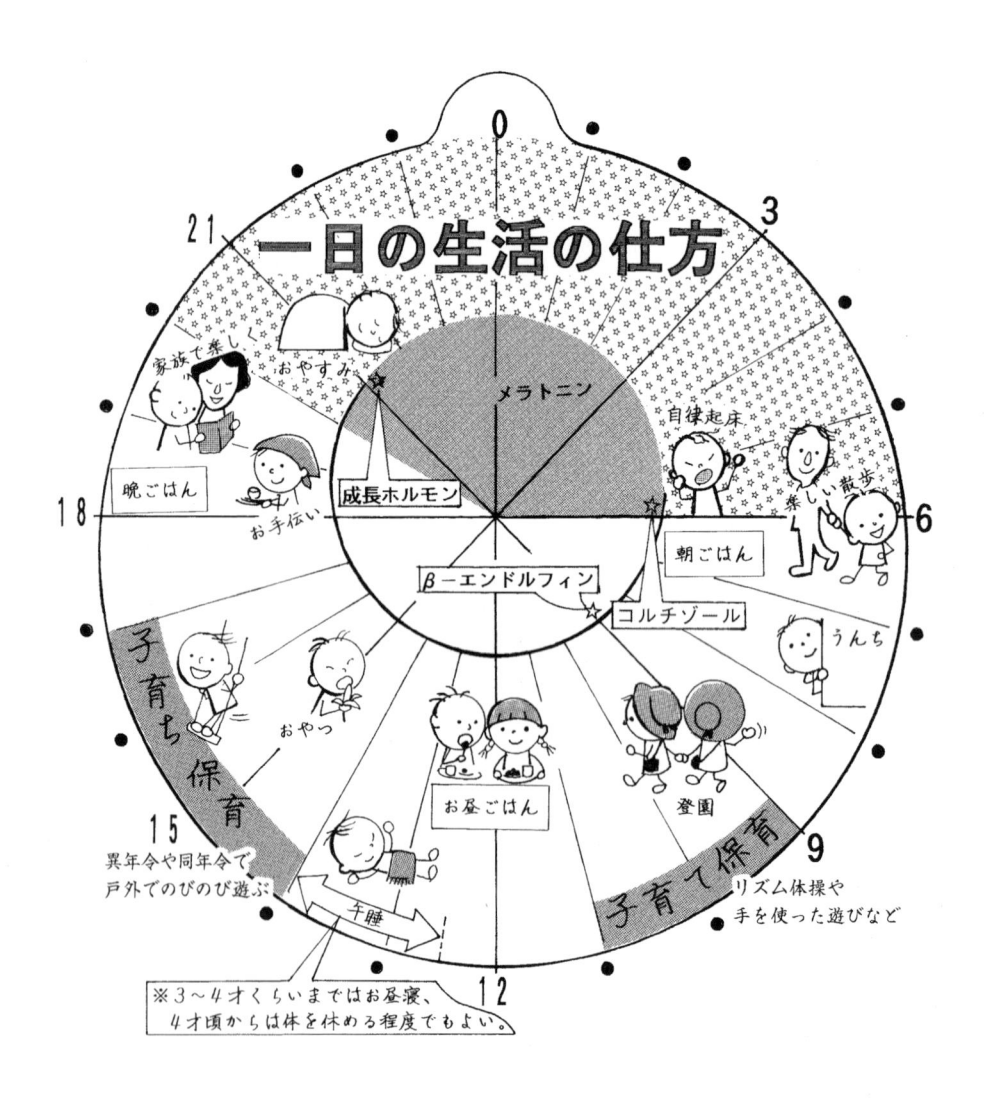

図23　一日の生活の仕方

第5章
子育ての中味を豊かにするために

本当に問題化してきた学力の低下

　わが国では、「学力の低下」が大きな社会問題となってきました。そして、子どもたちに「学ぶ楽しさ」をどう身につけさせるかが大きな課題となっています。世界中を見わたせば、「学ぶ楽しさ」どころか、鉛筆がない、紙がない、机がない、学校すらない、という「学べる楽しさ」を味わえない子どもたちが数多くいます。そういう子どもたちに思いをはせてみると、「学ぶ楽しさ」なんて贅沢そのもの、という気さえします。

　戦後の日本では幾度の学力論争が起こりました。最初は戦後不況の1945年に「読み書き計算こそ重要」に対し「読み書き計算は生活力を育てるための道具」という論争、2度目は高度成長期の1961年、景気の谷間といわれた岩戸景気の終わりに「学力は計測可能な能力に限定すべきだ」などの論争、3度目は企業倒産が史上最高となった1975年に「受験戦争を背景とした」論争、4度目はバブル崩壊が本格化した1992年に「新学力観をめぐって」の論争、そして今回の論争は経済的不況に加え、"分数ができない大学生"に象徴される学力低下、文部科学省が打ち出した学校週5日制、学習内容の3割減などに、不況の時代に週2日も学校を休んで何がゆとりだという財界からの反発、それに少子化・人口減少の時代には一人当たりの生産性や質を高めなければ経済成長は見込めないという経済学者などの論が加わり、大きな社会問題となっています。

　2002年7月22日の読売新聞「ニッポンの学力」にこんな記事が載っていました。
＊ある電力会社では10年前に、高卒社員の学力低下が仕事に支障をきたしているとして、

入社2〜3年の社員にオームの法則や関数を勉強させたが、10年たっても見るべき成果はなかった。わかったことは学ぶ意欲が低下しているということ。
＊ある就職情報会社が行った過去の入社試験の結果分析によると、計算や論理の基礎能力は落ちていないが語彙力は低下した。
＊中小企業を中心に研修を行っているある研修会社の社長は、10人中9人は読み書きもしつけもできていない。計算や国語の基礎がない人に独創的な考えを期待しても無理。

　ところで、私のような仕事をしていると大学の先生方にお目にかかる機会がよくあります。先生方に今どきの学生の話をうかがうと、異口同音に学生が変わったと言います。それは多岐にわたりますが、モラルの欠如、社会への無関心、学力の低下、聞く力のなさ、等々……。そういう話をたびたび聞かされるうちに、その原因は活字離れが一因ではないか、自ら学ぶ習慣がついていないのではないか、自分の考えをまとめる力がついていないのではないか、と真剣に思うようになってきました。
　2001年OECDが発表した32ヵ国の15歳以上の国際学習到達度調査によると、意見文を読ませて論述形式で答えさせる問題に何も書けなかった無回答が、日本は29％もありました。また、ある大学ではメディア論を学ぶ学生たちの9割が新聞を読んでいなかったそうです。それから、日本語語彙力調査によると、ある大学には語彙力が中学生レベルと認定された学生が2割もいた、などの報告が出されています。こうした傾向が強まってきたのは、携帯電話が中高生に浸透し、本代が携帯の通話料に変わっていった時期に重なります。

「教えられること」に慣れすぎた日本人

　私たち日本人は、子ども時代から大人になるまで、教えられることに慣れすぎてしまった、と思いませんか？　生まれてまもなく親に教えられ、幼稚園・保育園で教えられ、小学校で教えられ、中学校で教えられ、高校で教えられ、大学で教えられ、そして社会に出てからも教えられ……。教えられ続けて「学ぶ楽しさ」「学ぶ喜び」「考える力」なんて身につくはずはありません。もちろん、教えられることを全面否定しているわけではないのですが、心を育てるためには心が動かなければならないという、人間が本来持っている心の機

微に訴えることなく、教えられ続けています。「不思議だなー、どうしてだろう」という感性が「知りたい」という好奇心を喚起し、「知りたい」という好奇心が「調べる」という行動を起こし、「調べた」結果が「達成感・満足感」を生み、それが螺旋状にハイレベルに昇華していくことが「学ぶ楽しさ」「学ぶ喜び」「考える力」にほかならないのです。

また、親をはじめとする大人たちは、子どもに教えることができる間中、教えることに終始していると思いませんか？ 親はいずれ教えることができなくなる、大人はいずれ教えることができなくなる、ということを自覚すべきです。その時、子どもに求められる力が、「学ぶ楽しさ」「学ぶ喜び」「考える力」にほかならないのです。

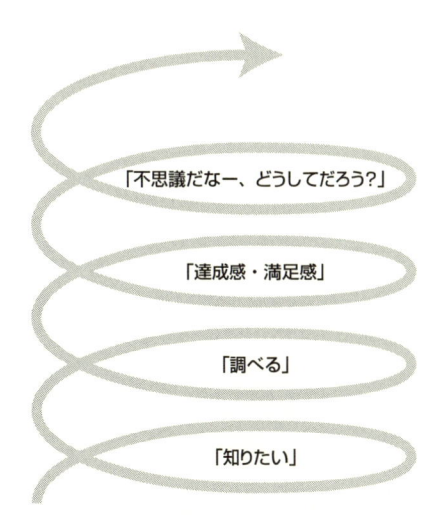

図24　「不思議だなー、どうしてだろう？」

例えば、小学校4年生で国語辞典のひき方の指導があります。しかし学校現場では、ひき方を教えるものの繰り返しひくということはなかなかできません。そんな時にこそ問われてくるのが家庭環境です。「お母さん、これなあに？」とたずねられたら、「ちょっと待ってね、辞書で調べるから」とか「一緒に調べてみようよ」というようなそんなはたらきかけが大切になるのです。

子どもを蝕む文明の利器

社会環境、子育て環境の急激な変化ゆえに、苦しむ子どもたちが確実に増加してきました。その原因は複雑多岐にわたりますが、川崎医科大学の片岡直樹先生は、運動機能は年齢相応に発達していても、言葉がほとんどしゃべれない、表情が乏しい、視線があわない、集団の中で友だちと遊べない……、このような症状の子どもたちが確実に増加しており、彼らの生活環境で共通していることは、遊びの主対象が長時間のテレビ・ビデオ視聴だ、とおっしゃっています。発見が遅れた言葉の遅れをもつ子どもたちを観察すると、自閉症に近い障害や注意散漫、多動、衝動、固執、情緒障害、学習障害などをきたし、軌道修正が可

能な年齢もあるかもしれませんが、3歳を越えると相当困難であり、2歳未満のテレビ・ビデオの長時間視聴はきわめて危険であると警告しています。

　北海道大学の澤口俊之先生は、ADHD（注意欠陥多動性障害）はこの20年間に5倍増え、前頭連合野が鈍った時に出る症状がADHDであると主張しています。読み聞かせやわらべうたは脳を発達させる。永い人類の歴史の中で、伝承されてきたことを普通にやってほしい。つまり、伝統や伝承されてきたことは、脳にストレスを与えない、いいものばかりが残ってきたという事実を忘れないでほしい、と指摘しています。

　日本大学文理学部の森昭雄先生は、『ゲーム脳の恐怖』（NHK出版）の中で、テレビゲームを1日に2〜7時間もしていた学生の中には、普段から前頭前野でβ波がほとんど出ず、ゲーム中には全く出ない人が約2割いたそうです。先生はこうした状態を「ゲーム脳」と名づけ、テレビゲームの影響は、脳の成長が著しい幼児期・学童期が最も大きいと警告を発し、読書などで前頭前野を活性化させることが大切であると言われています。ちなみに、前頭前野が活発に働いているときにはβ波が増え、逆に安静時にはα波が増えます。高齢の痴呆患者は前頭前野のはたらきが低下していき、起きている間もほとんどβ波が出現しなくなります。

　また、九州大谷短期大学の山田真理子先生は、テレビやビデオ、そしてファミコン等のハイテク機器の登場で私たちは人類史上初めての子育てを経験しており、それは「人体実験」に等しいのではないかと指摘しています。先生は1997年12月におきた「ポケモンショック」を例に、強い光と音の刺激が子どもを無反応にしていくなど、テレビ業界の制作の裏側も紹介しながら、子どもの成長・発達にテレビ・ビデオが与える影響を紹介しています。

　このように、現代文明の利器が子どもの成長・発達に大きな影響を与えているという事実を多くの有識者が発言し始めています。それを裏づけるように、アメリカ小児科学会は1999年に「小児科医は親に対して2歳以下の子どもにテレビを見せないように勧めるべきだ」という勧告を出しました。

モデルなき、出番なき、見せ場なき家庭環境

　ところで、男女共同参画社会、とてもいいことです。理想は老若男女共同参画社会の実現でしょうが、最近は育児休業を申請する父親も出てきました。園の送り迎えをするお父さんも増えてきました。それはそれでとてもいいことですが、家庭内での生活はいかがなものでしょうか。物質的には豊かになったが、日常の生活の中で淡々と繰り返される家庭の営み、文化レベルは実に貧困になってきた、と思います。その家庭の営みの貧困さとは、プロセスの消去そのものです。ご飯を炊かなくても、おかずを作らなくても、お金さえ払えば手にすることができる、ハイテク機器でバーチャルでわかった気にもなれる。もともとは手のかかる家庭の営み、子どもへの見せ場であった家庭の営みが、プロセスの消去により子どもたちが学ぶ機会を喪失してきているのです。

　今、日本の子どもたちの中には、ごっこ遊びでお父さんお母さん役をやりたがらない子どもたちが増加しています。また、青少年・思春期の子どもたちの中には、大人になりたくないという子どもたちが増えていると言われています。これは家庭内にいいモデルとなるお母さん像・お父さん像がない、家庭内に親子の共感関係がないからです。

　地球上に人類が登場して以来、私たち人間の成長・発達は、生きる上でより大切な課題から順に積み上げていく（積み重ね）、個々の発達課題には獲得しやすい時期がある（適時性）という特性があります。そして、獲得された力は必ず使おうとする自発的使用の原理があります。しかし、人間の成長・発達を保障する場であったはずの日常生活の中に、それを手助けするための見せ場やプロセスが消去された、モデルとなる子育て環境が失われてきた結果、今に生きる子どもたちがさまざまな意見表明をしているのです。男女共同参画社会とてもいいことです。夫と妻がそれぞれの役割分担をするのもいいでしょう。しかし、子育てに関しては「子どもにとって何が大切なのか」「子どもにとって最善の利益」という点で一致しなければなりません。

子どもは変わらないが、子どもを変えてしまった

　ところで、16年前の1987年に、幼い子どもを持つお母さん方に、「あなたは、お子さんがどんな子に育って欲しいと思いますか？」とたずねると、
① 明るくのびのびした子。
② 成績は多少よくなくてもいいから、人をいたわる優しい心を持った子。
③ 積極的に体を動かす元気のいい活気に満ちた子。
④ 困難にぶつかってもくじけず、おしまいまでやり通す強い意志と行動力を持った子。
⑤ 周りのものごとに好奇心を働かせ「なぜだろう」「どうしてだろう」と目をキラキラと輝かせている子。
⑥ ものごとを落ち着いて考える思慮深い子。
⑦ ウジウジとひねくれた考え方をせず、真っ直ぐに考える素直な子。
⑧ 自分のわがままを抑えることができる我慢心の強い子。
⑨ 自分の心の中を体や言葉を自由に使って思うように表すことのできる表現力の豊かな子。
⑩ 命を大事にする子。
と答えてくれました。
　しかし、そういう我が子の成長に対していだく親の願望・期待と裏腹に、ベテラン先生方は、子どもたちのことを次のように話していました。
Ⅰ　生活の形や幅が小さくなり、ぽつんと一人遊びをする子が多くなった。
Ⅱ　喜怒哀楽を子どもらしくあらわす子がたいへん減ってきた。
Ⅲ　この年齢ならばこの程度のことができて当たり前という、生活の基本的な技術が崩れてきた。
Ⅳ　目が輝かず、何をやっても「疲れた」「もう、僕ダメ」と言う子が多くなった。
Ⅴ　絶えず失敗を気にして、大きな行動ができない子が目立つようになった。
Ⅵ　食生活に活気が見られない子が多くなった。
　このように、子どもの成長に対する親の願望・期待と、現場の先生方が見る子どもたちの現実とのズレは、いつの時代でも多少はあるものですが、21世紀に入った今ますます拡大しています。
１　幼稚園入園時にオムツがとれていない子。また、それを不思議に思わない親の増加。

第5章　子育ての中味を豊かにするために

2　「ごっこ遊び」の中で、お父さん役、お母さん役になりたがる子どもの減少。
3　噛みついたり、ぶったりする暴力的な子ども、人間関係の距離感がつかめない、コミュニケーションの下手な子どもの増加。
4　そして、最近もっとも気になることは、言葉の遅れや表情の乏しさ、そしてADHDなど。
　①から⑩までの親の願望・期待は、数十年前の親も、今の親も、今から親になる人もきっと持ちつづけることでしょう。そうあって欲しいです。いつの時代でも親が子を思う気持ちは変わらないはずです。変わってほしくはありません。

本のある生活を大切に

　しかし、好むと好まざるとにかかわらず時代の流れや社会環境の影響を受けるのが人間の性、とりわけ、その影響を受けやすいのが幼い子どもたちです。今、私たち大人に求められていることは"古い、新しい"ではなく"何が正しいか"という判断能力です。いつの時代でも、どんな時代でも、子育てにおいて大事にされていたことは何なのか、現代のような便利な文明社会の子育てに欠けているものは何か、今、何にこだわって子育てをしなければならないのか、変化が激しい時代だからこそそういう見る目が求められています。
　また、家庭の日常生活のあり様が子どもの成長・発達に与える影響が大であることは周知の通りです。園任せ、学校任せで、まっとうな子どもが育つとは思えません。一家団欒のひと時やお休みの時を親子共々有意義に過ごすためにも、本のある生活、わらべうたのある生活、いいおもちゃのある生活を大切にしていただきたいと思います。これらのことは全て手間がかかります。実にローテクです。しかし、今の子育てや教育・保育に求められていることは、ハイテク時代だからこそローテクが求められているのです。デジタル思考だからアナログ思考が求められているのです。

どんな本がいいのかな？

　学校現場では、「朝の読書」が広がりをみせています。小中高校の3割弱にあたる1万校が実施しています。とてもいいことです。学校の生活のあり方を変えようとしている良い例だと思います。
＊言語能力が伸びた。
＊遅刻が減り授業にスムーズに入れるようになった。
＊精神的な落ち着きを取り戻し、授業中に席を立つ子が少なくなった。
＊子どもは決して本嫌いではない、きっかけを与えると夢中に読む。
など、さまざまな報告がされています。

　このような報告を耳にするたびに、就学前にもっと活字文化にふれる機会を与えていれば、読み聞かせが家庭内で習慣化されていれば、乳幼児期には乳幼児期にふさわしい子どもの生活を保障していれば、と思ってしまいます。

　聞く力は話す力、思考する力、イメージする力を支え、その言葉の力は学力の中枢にくるものです。そして、それは学んだことを根底から支える力です。

習慣が人格をつくる

　昔から教育の分野で言われていることですが、子どもの学力と家庭の文化には相関関係があります。そして、昨今の学力低下はその相関関係のみならず、生まれ育つ家庭間の格差拡大に伴った低下である、という人がいます。わかるような気がします。また、1992年初めに文部科学省が行った小5～中3年生45万人を対象にした学力調査に併せて実施した学習意欲調査によると、朝食をきちんととる子どもはテストも上出来という傾向が全学年、全教科にでています。保育現場にうかがうと朝食をとらずに登園する子どもがいます。登園早々、給食室の前をウロウロする子ども、かわいそうでなりません。行く末が思いやられます。

　私は常日ごろから「習慣が人格を作る」という側面があると思っています。食生活をはじめとする私たちの日常生活は、淡々とした繰り返しの毎日です。毎日三度三度の食事を作

る習慣のついている人にとっては、それは苦痛ではなく悦びを感じるひと時だと思います。しかし、その習慣のついていない人にとっては苦痛そのもの……。それは読み聞かせにも言えることです。しかし、読み聞かせや読書は三度三度の食事と違って、日常生活においてしなければしないですむ、当面は困らない。だから、見過ごされていくのです。

「学校に行ったら朝の読書があるからいいや」。とんでもないことです。就学前に身についていないことが、小学校に入ったからといって急に身につくはずはありません。習慣というものは幼ければ幼いほど身につきやすいのです。

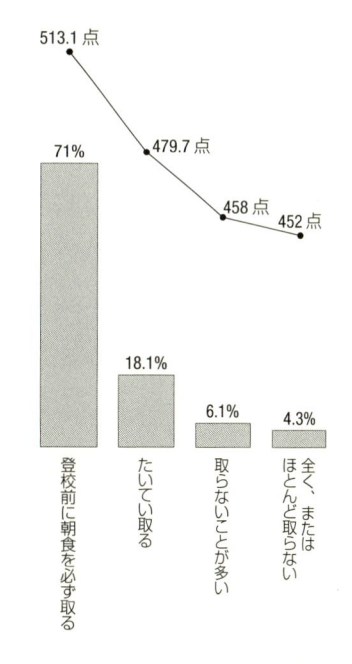

図25　朝食と得点の関係（中2数学）

活字情報には深さがある

同じ情報でも活字と映像ではこんなに違うものかということを、作家の出久根達郎氏が日経新聞に書いていました。それは24年ぶりに帰郷した曽我ひとみさんの新潟県真野町役場での挨拶です。

　　今　私は夢をみているようです
　　人々の心、山、川、谷、みな温かくみえます
　　空も、土地も、木も、私にささやく
　　「お帰りなさい。頑張ってきたね」
　　だから私も嬉しそうに、帰ってきました
　　ありがとう

新幹線の中で書いたという詩のような文章に、テレビを見て涙を流した方がたくさんいたことでしょう。みなさんも感動したと思います。私も感動しました。出久根氏は、「テレ

ビでは気がつかなかったが、翌日の新聞を読んでみると、この挨拶には山や川や谷はあっても、海がない」ということに気づいた、と記していました。映像は流されっぱなし、考える猶予を与えてくれません。彼女がなぜ海を入れなかったのか、活字情報はイメージをわかせる情報の深さを感じます。

物語絵本は母親が

　ところで、私は常々、物語絵本は母親が読んであげるもの、科学絵本は父親が読んであげるものと思っています。この考え方にそうではないと反論する方がいることは重々わかってはいるのですが、少子化・核家族化した現代社会においては、親が親として育つためにも、いい母子関係、いい父子関係を醸成するためにも、そして将来、子どもに要求される「学ぶ楽しさ」「学ぶ喜び」「考える力」を身につけるためにも、とてもいい方法だと思うからです。

　例えば、「小さかった頃、誰にお話をしてもらいましたか？　誰に本を読んでもらいましたか？　誰の子守唄を聞きましたか？」とたずねられたら、皆さんは誰の顔が浮かんでくるでしょうか。私の周りの人に聞いてみると、その多くが「お母さん」と答えます。

　しかし、最近の若いお母さんの中には、子守唄、わらべうた、昔話、子どものあやし方、などを知らない方がたくさんいます。それは、彼らがそういう子育てをしてもらっていないとか、テレビ・ビデオ、ITという高度文明化社会の中で、伝統や伝承を軽んじた風潮の中で育ったという背景があると思います。彼らを責めているわけではありません。知らないものは仕方ない。しかし、遅ればせながらも、それを知るための努力はしなければなりません。それを知る、身につけるための道具が、絵本であり、読み聞かせなのです。

皇后さまも、本が育児不安を助けてくれた

　2002年9月29日、スイス・バーゼルで開かれた国際児童図書評議会（IBBY）創立50周年記念大会での美智子皇后のスピーチ。子ども時代に本によって育まれた心を今も大切にしている、子育て中のいいしれぬ不安を本が助けてくれた、ということを見事に表現され

ていました。そして、皇室史上初の単独での外国訪問を「私は私の中に今も住む、小さな女の子に誘われてここに来たのかもしれません」と見事な表現をされました。世界各国の人々に感銘を与えました。これについて、東京大学の山内昌之教授は「子どもとの良書の出会い、本による世界中の子どもの相互理解を可能にする出発点は、母と子の対話なのである。皇后さまは子どもの未来を信じる一人の母親なのである。日本の若いお母さんたちも是非、少しでも読み聞かせしてほしい。朗読してほしい。生きていくために、人は多くの複雑さに耐えていかなければならないことを読書が教えてくれたとは、皇后さまのお言葉である」と述べていました。

科学絵本は父親が

　父親の帰宅が遅いという現実、それを肯定しているわけではありませんが、子どもとどう接していいかわからないお父さんが数多くいます。妻が家事をしているかわらでゲームやファミコンに興じている夫。子どもが「今度の休みのとき一緒に遊んで」と言うと車で連れまわしたり、わざわざ高いお金を払って遊園地に連れて行くことしかできないお父さん……。女性は妊娠から出産までの間に少しずつ母親としての自覚を持ち、出産と同時に母と子の接点は多くなりますが、男性はこのような経過がありません。加えて、お父さん自身が少子化・核家族社会で育ち幼い子どもとの接触経験がないので、子どもとの付き合い方・遊び方がわからないような気がします。

　そんなお父さんのために『あそぼうあそぼう　おとうさん』(浜田桂子さく　かがくのとも傑作集)は子どもとの関わり方、遊び方を学ぶのにとてもいい本です。

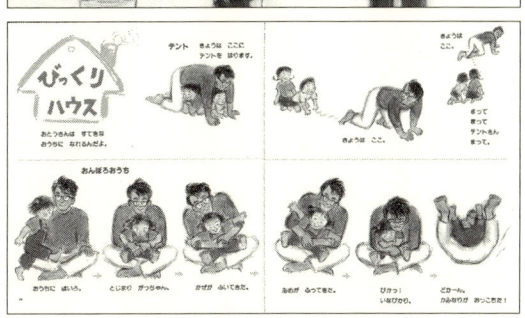

◆『あそぼうあそぼう　おとうさん』
かがくのとも傑作集　福音館書店

これは「かがくのとも」をハードカバーにしたものですが、家庭や身近な所で父親が子どもとふれあういいヒントを与えてくれます。最近は肩車ができない父親が増えていると言われています。そんな時勢にはぴったりです。子どもたちがお父さんに求めていることは、「お父さんってすごいなー。何でもできるんだ。僕も私も早くお父さんみたいになりたいなー」と子どもたちが感じてくれるようなお父さん像ではないでしょうか。子どもと関わることが苦手なお父さんには必読の書です。

ところで、書店に行けば、さまざまな科学絵本が並んでいますが、どれでもいいというわけではありません。科学絵本も物語絵本と同じように読み聞かせをしてほしいのですが、中には過度に知識中心であったり、教科書的であったり、絵や写真が嘘っぽいものがあったりします。いい科学絵本を読み聞かせすると、子どもの好奇心をくすぐり、ものの見方や視野を広げてくれます。

科学や自然のことは、大人も知らないことが多く、科学読み物は親子で一緒に楽しく遊べます。今まで見えなかった身の周りのものへの驚きや感動、視野が広がり、創造力が刺激され、もっと見たくなる、もっと行動したくなる、という積極性が育まれます。親ができることは、時間と空間を保障することです。いい科学読み物を利用すると、親子の会話が増え、子どもの遊びが広がるので、テレビなんかはみておれません。当然、お父さんが一目置かれる存在になること請け合いです。

子どもに読んであげたい科学絵本

科学の芽はいくつぐらいから芽生えてくるのでしょうか。小さい3～4歳の子どもには科学の本は早い。小さいうちはゆっくりとお話の世界でのびのびとさせてあげたいという考え方があります。しかし、小さい子どもだから科学的な視点がないとか、科学的な見方をしないとか、科学的なことに興味がないというのではありません。ファンタジーとノンフィクション・現実がごちゃごちゃになっているのが小さい子どもたちです。子どもは科学絵本だからこうだ、物語絵本だからこうだ、といって読んでもらうわけではないのです。大人が勝手に分類しただけのことですから……。

題材は実際にあるもので、子どもたちに「ちょっとやってみようよ」「ちょっと下を向いて

第5章　子育ての中味を豊かにするために

◆『からだのなかでドゥン ドゥン ドゥン』
　ちいさなかがくのとも創刊号　福音館書店

◆『ちょうちょ　くるかな』
　かがくのとも2号　福音館書店

ごらん、こんな面白いものがあるよ」「ちょっと上を向いてごらんこんな面白いものがあるよ」「行ってみたいなー」というような、面白いものと出会うきっかけを届けるのが3〜4歳の子どもにとっていい科学絵本です。

　例えば、お父さんが『からだのなかでドゥン　ドゥン　ドゥン』（ちいさなかがくのとも創刊号）を読み聞かせすると、やがて子どもは「聞いて、聞いて」と自分の胸をつきだしてくることでしょう。小さな子どもほど自分が原点です。自分が主人公です。きっと自分の鼓動を聞かせたがるはずです。教育に熱心な親は「これは心臓といって、血が流れていて……」などと説明を加えるかもしれませんが、この本にはそういうことがひとことも書かれていないことがとてもよいのです。

　『ちょうちょ　くるかな』（ちいさなかがくのとも2号）は色鮮やかに咲きほこるツツジのところでじっとちょうちょが飛んでくるのをワクワクしながら待つ様子を、『かにかにのすなだんご』（ちいさなかがくのとも7号）は海のないところに住んでいる子どもにとっては身近なテーマではありませんが、すなだんごをせっせとつくるかにのなんともユーモラスな様子を思いきり楽しく描いています。

　このような科学絵本を幼い子どもたちに読んであげることは、読み手のお父さん自身も「自分も小さかった頃はこんなことが好きだったのかー」ということをきっと思い出すことでしょう。そう読み手が感じることは、親と子が同じ気持ちになれるという意味でとても幸せです。この「ちいさなかがくのとも」は科学の入口としても、子どもの遊びを広げるきっかけとしても、加えてお父さんと子どもが共感できるきっかけにもなります。そして、お父さんがこの年齢の子ども理解という観点から、3〜4歳児を持つお父さんにぜひ読み聞かせしてほしい本です。

科学絵本は、科学の基本がわかるということも大切なことですが、もっと大切なことは、自分もやってみたいとか、見てみたいという行動が起きる、つまり動機づけになる本がいい本です。一般的には科学絵本は読むだけでは駄目です。それは楽譜みたいなもので、それ自体は音が出ません。作ってみるとか、自然に出ていくとか、そうすることによって初めて音になります。そうすることは父親にぴったりです。読むだけでは説教になってしまいます。

　例えば、『じてんしゃにのろうよ』(かがくのとも391号)。自転車に乗れるようになる教え方を実に科学的に合理的に解説しており、その年代の子どもを持つ親にはとても役立ちます。

　『みぢかなとりのずかん』(かがくのとも395号)。これは身近にいる鳥を題材にしていますが、「雀と鳩の歩き方の違い」「鳩の仲間と他の鳥の水の飲み方は違う」「私たちの身の周りには2種類のカラスがいて、住んでいる所、鳴き声が違う」ということなど、大人が読んでも勉強になります。あまりにも知らないことが多いのに驚かされます。

◆『じてんしゃにのろうよ』
　かがくのとも391号　福音館書店

◆『しもばしら』
　かがくのとも405号　福音館書店

◆『みぢかなとりのずかん』
　かがくのとも395号　福音館書店

◆『アリからみると』
　かがくのとも388号　福音館書店

第5章　子育ての中味を豊かにするために

◆『落ち葉』
たくさんのふしぎ200号
福音館書店

◆『アジアの台所たんけん』
かがくのとも213号
福音館書店

◆『かえるのそうしき』
大きなポケット125号
福音館書店

◆『水のかたち』
たくさんのふしぎ214号
福音館書店

　それから、『アリからみると』（かがくのとも388号）、『しもばしら』（かがくのとも405号）などは、実際に見てみたい、実際に作ってみたいという好奇心をくすぐるとてもいい本だと思います。はまってしまうお父さんもいるかもしれません。

　小学校に入学すると、子どもの活動範囲、友だち関係が急激に広がっていきます。親からみれば、手塩に掛けて育ててきた就学前までが懐かしく思い出されたり、わが子が急に大人びてきたと感じたり、そんな気がする時期ではないでしょうか。あきる野市立西秋留保育園の今キヨ子園長は子育てのポイントを「手を掛けろ、手が離れたら目を掛けろ、目が離れたら心離すな」とおっしゃっていましたが、「目が離れたら心離すな」そんな時期ではないかと思います。とかく、小学校に入ると学校任せになってしまう傾向がありますが、そんな時こそ家庭内での親子の共通体験、共通の話題が大切になってきます。
　この年齢の子どもを持つお父さんに望むことは、「面白いねー」「どうしてだろうねー」とリードし、「○○ちゃんわかる」というように引き込むような関係です。昔は家の仕事を見るとはなしに見ていましたので、その関係は比較的たやすくできていました。しかし、今は……。
　この年代の子どもたちには「不思議だなー」「どうしてだろう」「もっと知りたいなー」と思えるような、知識だけを伝えるのではなく、生きていること自体が、今まで暮らしてきた世界が別な世界に見えてくるような、そういう感動、そういう不思議を伝えてあげることができるような科学絵本を読んであげてください。

私は、物語絵本は母親が、科学絵本は父親が読み聞かせしてほしい、と前述しましたが、決して、母親が科学絵本を、父親が物語絵本を読み聞かせすることを否定しているわけではありません。子どもの周りにいる大人が、とりわけ、家族が読み聞かせしてほしい、語ってほしいということです。しかし現実は、便利なものに囲まれてはいますが、読み聞かせする本がない、語る術がないのではないかと思います。そのために、子どもたちが「お母さん○○読んで」「次はお父さん△△読んで」と言えるようないい環境を作ってほしいのです。
　小学校低学年に生活科が導入された時、「とんでもない教科ができたものだ。これは幼児教育・家庭教育のツケだ」という趣旨の文章を書いたことがあります。そして今は総合的な学習。これについても同じことを言いたいです。総合的な学習のねらいは、
(a)　自らの課題を見つけ、自ら学び、自ら考え、主体的に判断し、よりよく問題を解決する資質や能力を育てること。
(b)　学び方やものの考え方を身につけ、問題の解決や探求活動に主体的、創造的に取り組む態度を育て、自己の生き方を考えることができるようにすること。
です。
　しかし、学校現場からは総合的な学習が成立しない、という声が聞こえてきます。それはそうでしょう。わかるような気がします。小学校の先生を弁護するわけではありませんが、人間の資質や能力、態度というものは、小学校に入ったから、中学校に入ったから、といって急に身につくものではありません。それはそれぞれの年齢にふさわしい生活、日常生活の積み重ねです。総合的な学習のねらいを達成するための種は、物語絵本や科学絵本にたくさんあります。園と家庭が車の両輪の関係で、家庭に活字文化の普及、読み聞かせを普及、習慣化できることを願ってやみません。学力低下防止のために、親子、家庭が円満であることを願って……。

どんなわらべうたがいいのかな？

　遠野の阿部ヤヱさんは、『人を育てる唄～遠野のわらべ唄の語り伝え～』（エイデル研究所刊）のなかで、人は手と手をとりあって肌のぬくもりにふれ、目と目を見つめあってうなずきあい、言葉をかわしあってお互いにわかりあい、はじめて心がかよいあうものだから、心を大事にするためにはわらべうたの子育てを伝えたい、と言っています。

　このような子育ては、大人がやってやらなければなりません。子どもが後で望んでも、やってもらっていなければできないことです。そして、子育てをとおして、自分たちの歴史も伝え、自分が年をとったことに納得できる生き方をしたいと願った人たちが伝え続けたのが遠野に伝わるわらべうたの語り伝えなのだと言われていた、と記しています。

動作を真似る

　生まれてから１カ月半ごろの赤ちゃんは、子守の指をしっかりと握ったり、寝ていて首を左右に動かしたり、一人でほほえんだり、大きな音に驚いたりします。このころになると、赤ちゃんは子守と視線を合わせて、「うんこぉー」とさかんにうんこ語りをするようになり、だんだん目で人影を追うこともできるようになりますから、そうしたら子守は赤ちゃんに向かって、

　　てんこ　てんこ　てんこ
　　てんこ　てんこ　てんこ

とうたいながら、右手を軽く握り、でんでん太鼓を振るように手首を左、右、左、と軽く振って見せます。指を開いたり、げんこつを作ったりしないで、いつも同じかたちにし、手首の動きを見せるようにします。

一カ月半から三カ月半
・五本の指でにぎる。
・人影を目で追うようになる。
・いろんな形の物を握る。
・音を聞く。
・自分の手をしゃぶる。
・声をたてて笑う。
・腹ばいで顔を上げる。

　どの唄も、うたうときは赤ちゃんの目を見て、楽しそうに、歯切れ良くうたいます。あやしながら焦らず根気よく続けます。すると早い遅いの違いはありますが、赤ちゃんも同じ動作を真似るようになります。

真似るといっても、何回かやって見せているうちに、こぶしをかすかに動かす程度ですが、根気よく続けているとじょうずにできるようになります。
　赤ちゃんが動作を真似するようになったら、手首がちゃんと動くかどうかも見ます。
　「てんこ　てんこ　てんこ」とは、でんでん太鼓の鳴る音。手の動きは、でんでん太鼓の振りを表しています。

　　にぎ　にぎ　にぎ
　　にぎ　にぎ　にぎ

　人を見て笑顔を作るようになったころから、赤ちゃんに向かって、片方の手を握ったり開いたりしながらうたいます。
　赤ちゃんは口元を見てことばも覚えるので、うたうときはどの唄も赤ちゃんの目を見て、歯切れよく、最初はゆっくりとうたいます。

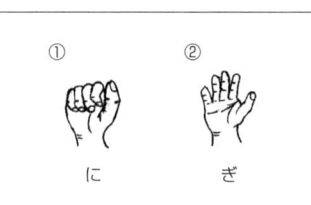

三カ月半から五カ月
・手と手をあわせる。
・からからを振る。
・首がすわる。
・おもちゃをひっぱる。
・支えてやって寝返りの練習。
・声を出して遊ぶ。

　やがて赤ちゃんは、指先をかすかに動かすようになり、だんだんじょうずにできるようになります。
　赤ちゃんも真似するようになったとき、得手な方の手を動かしますから、右利きか左利きかも分かります。昔は左利きは嫌われたそうです。みんなと同じでなければ苦労をするという事もあったようですが、箸を持つときと字を書くときだけは左利きでも右手を使わなければならないというので、わたしたちもこうした片手を動かす芸はいつでも右手でやらせ、おしゃぶりとかお菓子を握らせる時にも、右手に握らせるようにしたのです。
　わたしも左利きですが、小さいときから直されて、箸もペンも右手に持ち、ほかのことは両手を使います。
　この遊びは５本の指がちゃんと動くかどうかも見ます。
　赤ちゃんに指を握らせたり、「きくたぽっこ」といって白木でつくった首の回る細いこけしのような形のおもちゃを握らせたりして、まず握ることを教えました。
　「きくたぽっこ」は赤ちゃんが握って遊ぶだけでなく、歯固めとしてもつかいました。

第5章　子育ての中味を豊かにするために

赤ちゃんにかじられたきくたぼっこの頭は、だんだんでこぼこになったものです。
　幼い子の手遊び、ことに指を使う遊びは頭がよくなるといって大人たちは大事にしました。この「にぎにぎ」も頭にいい遊びとして、1歳の誕生日あたりまで、誰かが赤ちゃんの相手をしてやり、日に何回となく遊ぶようにしたものでした。

　　かんぶ　かんぶ　かんぶ
　　かんぶ　かんぶ　かんぶ

　赤ちゃんの首が座った頃から「いやいや」をするように首を左、右、左と横に振りながらうたいかけてやります。
　赤ちゃんも真似するようになったら、首がちゃんとまわるかどうかも確かめます。首の運動にもなります。
　赤ちゃんによって、「てんこてんこ」とか「にぎにぎ」はいくらうたいかけても真似してくれないのに、この「かんぶ　かんぶ」はすぐ覚えたという赤ちゃんもいました。
　「てんこてんこ」「にぎにぎ」「かんぶかんぶ」といった動作は、最初はかすかに手や指先や頭を動かすぐらいのものですが、続けているうちにはじょうずになり、うたいかけなくても自分からして見せるようになります。

　　かっこうー　えだあー
　　かっこうー　えだあー

　「かっこうー」とは隠れること。「えだあー」はここに居たということです。生後3カ月ごろからこういって繰り返しうたいかけます。「かっこうー」とうたいながら、子守が手ぬぐいのようなもので顔を隠し、「えだあー」で、かぶったものを取り顔を出します。
　赤ちゃんにも同じようにかぶらせて、自分でとらせながらうたいます。赤ちゃんにとって、一瞬子守の顔が見えなくなるのがたまらなく不安らしくて、「えだあー」といって顔をみせると、嬉しそうに声をたてて喜びます。
　また、「かっこう」といって顔を伏せ、「えだあー」といって笑いかけると、赤ちゃ

んも同じ動作をします。慣れるとうたいかけただけで動作をしてみせるようになります。繰り返されることを赤ちゃんは喜び、次にうたいかけてくれることを期待して、笑って待っているようになります。

　赤ちゃんが、はいはいをするようになったら、「かっこうー」とうたいながら物陰に隠れ、「えだあー」といって現れます。すると、赤ちゃんは、子守を見つけ、はいはいをして来るようになります。「えだあー」といって顔を出す方向を決めておき、時には少し間をおいて反対の方向から顔を出したりすると、びっくりして泣きそうになりますが、次からはどっちから出るかと、キョロキョロしながら待つようになったものです。

　こうして遊びながら、赤ちゃんに不安と安心の区別がつくかどうかを見ます。

（『人を育てる唄』より）

　ところで、ある大学の女子学生にお話をする機会がありました。冒頭に「皆さん、お母さんや隣のおばさんやお姉さんたちが歌っていた子守唄やわらべうた、そして、大人が歌ってくれたわらべうた、友だち同士で歌っていたわらべうたなど、子ども時代の思い出のうたがあれば教えてください」とたずねたところ、なかなか思い出せない、知らないという現実に驚いてしまいました。今すぐにでも親になっても不思議ではない世代が、子守唄やわらべうたを知らないということは、親になったとたんに困ったことに直面するということを意味しています。

　抱っこやおんぶという大人と子どもが密着する機会が少なくなるにつれて、子守唄やわらべうたが消え、伝承が途切れてしまいました。親というものは、大人というものは、おんぶや抱っこという密着関係があれば、子どもに語りかけたり、歌ったりしたくなるものと思います。男の私ですら、ただ泣くという表現方法しか身につけていない子どもに、♪りょうちゃんはよい子だねんねしな♪、♪しのぶちゃんはよい子だねんねしな♪と勝手な節を作って歌ってあげたものです。

　1984年、ある保育園が「園だより」で、皆さんにとって子ども時代の思い出のうた……嬉しい時、苦しい時、ふと思い出されたり忘れられないうたは、どのようなものでしょうか、どうぞお聞かせください、と保護者の方々に呼びかけたところ、数多くの思い出のうた

が寄せられました。その冊子が手元にあります。その中には子守りのシーンが幾つかあります。

　Aさんは『五木の子守唄』。──私の母が好きだったのでしょうか。小さい頃よく母が歌っていたのを覚えています。このうたの意味がわかったのは中学生になってからですが、私はずいぶん小さい頃から口ずさんでいました。そして、自分が母親になると子どもを寝かせる時、抱いた時、自然に口をついて出てきたのが、この『五木の子守唄』でした。以来、我が家の3人の子どもたちは、皆このうたで寝かしつけられ、わけもわからず「ぼんぎり

ぽんぎり」と歌っています。

　Bさんは『しかられて』。──私が保育園に通っていた頃、保母さんが何度も子守唄のように歌ってくれました。今でも耳の奥に保母さんの声が残っています。

　そして、Cさんは『ゆりかごのうた』。──私が9歳の時、末の弟が生まれたことはそれは嬉しいできごとでした。古い茅葺きの家には不似合いなゆりかごがありました。『ゆりかごのうた』を歌いながら揺らしたものです。こっそり自分ものったりしました。

　また、その冊子にはわらべうたなど、大人と子どもが向かい合ったり、子ども同士が遊んでいる思い出のうたがたくさんあります。

　例えば、Dさんは『かごめ　かごめ』。──20年前を思い起こしてみると、ずいぶんとわらべうたを歌っていました。大勢の子どもたちと遊んだのを懐かしく思います。いつの間に子どもたちから子どもたちへ受け継がれなくなったのでしょう。

　Eさんは『あんよはじょうず』。──母が年のはなれた弟に歌いながら歩行訓練をしていました。私も弟にしました。そして、私は我が子にこのうたを歌いながら歩行訓練をさせました。

　この他、『お手玉のうた』『はないちもんめ』『とおりゃんせ』など、たくさんの思い出のうたが載っています。

　2003年7月16日の朝日新聞の『声』の欄の高槻市の主婦が「幼子のために歌うつもりが」と題しこんな趣旨の投書をしていました。

　　　買い物に行く時、病院へ通う道、大きな声で母はよく歌った。小さかった私はそれが恥ずかしくて「小さな声で」と頼んだ記憶がある。そんな私が母親になった。1歳半の娘と二人で出かける時、子どもはいつ眠くなるか、ぐずって泣きだすか、絶えず気にかかる。機嫌をそこねまいと、楽しい雰囲気づくりに懸命になる。──中略──　気がつくと、機嫌をそこねまいと歌っていた私のほうが、気持ちよく歌っている。娘が寝ない時、揺らしながら歌っている。公園への道、娘と手をつないで歌っている。楽しいうたでほんわか心が温かくなる。娘のためではなく、きっと自分のためにうたを歌っているのだなと思う。今はあの頃母が歌っていたことにも、うなずけるようになった。

第5章 子育ての中味を豊かにするために

『ゆうなのきのしたで』

（楽譜）
1. ゆうなのきのしたで　ゆれるふうりん　りんりらりん
2. ゆうなのきのかげに　ゆれるゆりかご　りんりらりん
3. ゆりかごのゆめを　うたうふうりん　りんりらりん

ねんねがせ，ねんねがせ，りんりらりん　りん
ねんねがせ，ねんねがせ，りんりらりん　りん
ねんねがせ，ねんねがせ，りんりらりん　りん

『ねんねころいち』

（楽譜）
1. ねんねころいち，てんまのいち
2. ふねにつんだら，どこまでいきゃる
3. はしのしたには，かもめがいる

は，だいこそろえて，ふねにつむ，
る，きずやなんばの，はしのした，
よ，かもめとりたや，あみほしや，

あみがゆらゆら，ゆらのすけ

『こねまぬなくか』（沖縄のこもりうた）

こねまぬとは坊やのこと。あんまんとは私という意味。

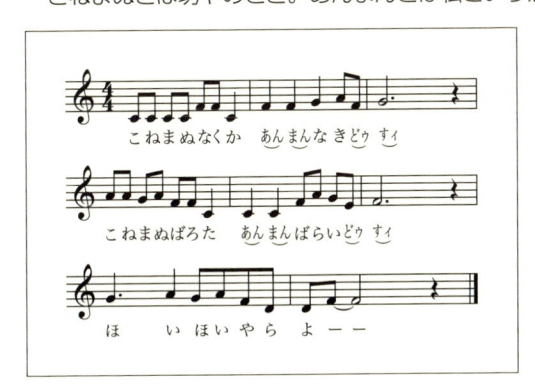

（楽譜）
こねまぬなくか　あんまんなきどぅすィ
こねまぬばろた　あんまんばらいどぅすィ
ほ　いほいやら　よーー

（中国地方の子守唄）

　　　ねんねこさっしゃりませ

　　　ねた子の可愛さ

　　　起きて泣く子のねんころろ　面憎さ

　　　ねんころろん　ねんころろん

（江戸の子守唄）

　　　ねんねんころりよ　おころりよ

　　　坊やはよい子だ　ねんねしな

　　　坊やのお守はどこへ行た

　　　あの山越えて里へ行た

　　　お里の土産になにもろた

　　　でんでん太鼓に笙の笛

　ところで、お父さんお母さん、我が子にわらべうたを歌ってあげていますか？　子どもが生まれる前から慣れ親しんでいるお父さんお母さんの声で、たくさん歌ってあげてくださ

い。多少、音程が違っていても構いません。歌ってあげたいという気持ちが大切です。我が子の愛情を感じながら「あなたのことが大好きよ」という思いを込めて歌ってあげれば、子どもは自然に耳を傾けて楽しんで聞いてくれるでしょう。

　そして、お父さんやお母さんがわらべうたを知っていると、育児がとても楽になります。それは子どもがすぐに機嫌よくなるからです。炊事、洗濯の合間に、そしてお風呂の中でたくさん歌ってあげてください。遊んであげてください。

　生まれたばかりの赤ちゃんは、優しく耳元で歌ってもらうことや、心地よい揺れに安心感を覚えます。「目は口ほどにものをいい」と言いますが、赤ちゃんはあやしてくれる人の目をじっと見て喜びを感じます。首が座っていない赤ちゃんは、左抱き(左上に赤ちゃんの頭がくるように)にします。母親の心臓が耳元にくるので安定します。お座りができる赤ちゃんは、大人の膝に座らせます。大人は子どもの視線に合わせて、ハートビートに合わせてゆったり左右に揺らします。

　赤ちゃんに見せる遊びは、子どもを抱きながら、寝かしながら、遊びを見せながら歌います。0歳児はお母さんに歌ってもらったわらべうたを全身で感じ、愛情をたっぷり吸収すると、それに合わせて体を動かしたりするようになります。

　触れて遊ぶ時は、必ず子どもの目を見て、視線を合わせることが大切です。表情は柔らかく「あなたのことが好きなのよ」という思いを込めて遊びましょう。もし、遊んでいるうちに、子どもが触れるのを嫌がったら無理をせず触れる真似をしましょう。また、手や体に触られるのは好きだけれど、顔は触られたくないということもありますので、子どもの反応に合わせて対応しましょう。そして、子どもとのスキンシップを充分に楽しんだら、人形やぬいぐるみに触れてみせます。子どもは大人の真似をして、自分がやってもらったことを人形にしてあげようとします。

『イナイ　イナイ　バー』

　「○○ちゃん、イナイ　イナイ　バー」。赤ちゃんは笑顔で応えてくれます。イナイ　イナイと目を隠した瞬間、次に何が起こるのだろう、何が現れるのだろうと赤ちゃんは期待して待ちます。そして、次の瞬間にじっと集中します。

第5章　子育ての中味を豊かにするために

　なぜ目を隠すのか。それは顔の中で目が一番印象的だからです。目で赤ちゃんにメッセージを伝えることができるからです。バーという瞬間、赤ちゃんが期待して待っていると、お母さんの優しい愛情あふれたまなざしが現れるのです。そして、赤ちゃんは「イナイイナイ」で集中していた状態から、「バー」と言って現れた瞬間、集中から開放されます。赤ちゃんはこの短い集中と開放の瞬間を心地よく感じます。

　信頼しているお母さんが一瞬見えなくなりますが、必ず戻ってきてくれるという確信が、身近な遊びの繰り返しから育ちます。やがて、その信頼を糧に一人遊びを始めるようになります。

＊あなたのことが好きよという気持ちを込めて「○○ちゃん」と必ず名前を呼んであげる。
＊「イナイ　イナイ」で隠し（赤ちゃんは隠された部分に集中する）、少し間をおいて「バー」で開放し集中を解く。一瞬の集中と開放が大切。
＊「バー」は少し高めに明るくやわらかく発音する（大きな声で脅かしてはいけません）。

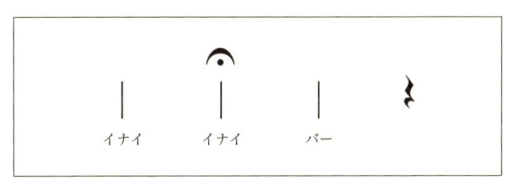

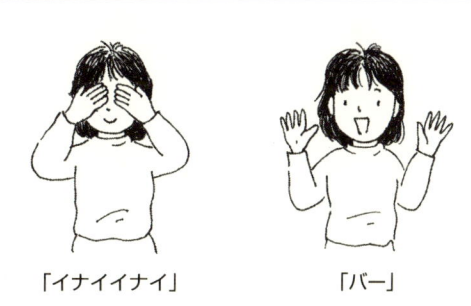

「イナイイナイ」　　「バー」

『いまないた　からす』

＊目を両手で隠し、ハートビートに合わせて上下に動かす。
＊両手を外側に開いて、表情をみせる。

「いまないたからすが」　　「もうわらった」

揺する遊び

首がすわっていない赤ちゃんは左抱きにします（頭が左腕にくるように）。お母さんの心臓が耳元にくるので安定します。お座りができる赤ちゃんは大人の膝の上に座らせます。お母さんと子どもの目線を合わせて、ハートビートに合わせてゆったり左右に揺らす。テンポは日常の声より高めに。

『このこどこのこ』

＊「このこどこのこ」はなめらかに、「かっちんこ」ははずむように。

『いもむし』

＊「いもむし」「ひょうたん」はなめらかに、「ごーろごろ」「ぽっくりこ」は ♫ というリズムを意識して、はずむように歌う。

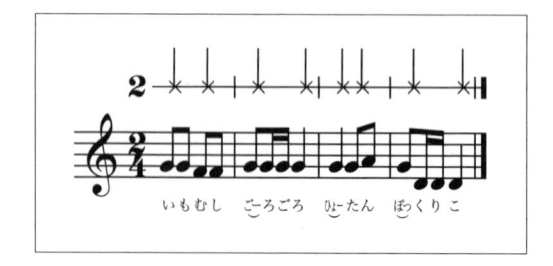

見せる遊び

『なきむしけむし』

＊目を両手で隠し、手を上下に動かす（ハートビートに合わせて）。

第5章　子育ての中味を豊かにするために

『イナイ　イナイ　バー』

* 「○○ちゃん」と名前を呼ぶ。子どもが人形を見ます。
* 「イナイ　イナイ」で人形の顔（目）を人形の両手で隠す。
* 「バー」で両手を広げて、顔（目）を見せる。

「イナイイナイ」　　「バー」

『おつむ　てんてん』

* 『イナイ　イナイ　バア』同様、赤ちゃんが最初に覚える遊びの一つです。最初はお母さんがやって見せ、子どもが真似るようにします。
* 「おつむ　てんてん」：両手で頭を軽く3回たたく。
* 「みみ　ひこひこ」：両耳を軽く3回引っぱる。

『ぶーぶーぶー』

* ハートビートに合わせて、手首を左右に動かす。
* テンポはゆったりと、動きは小さめに。

人形は軍手を使って顔を作りましょう。フェルト又は刺繍糸で目・鼻・口・耳をつけます。服と手をつけたらかわいい人形のできあがり。

『ウサギウサギ』

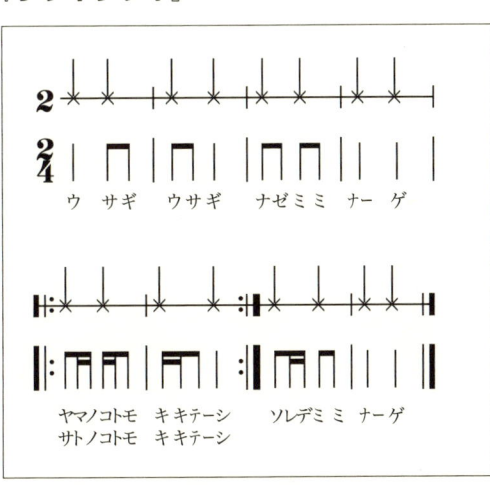

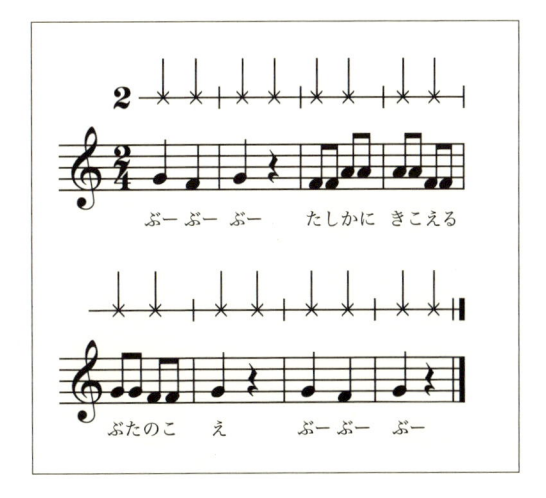

ウ　サギ　ウサギ　ナゼミミ　ナー　ゲ

ヤマノコトモ　キキテーシ　ソレデミミ　ナーゲ
サトノコトモ　キキテーシ

ぶーぶー　ぶー　たしかに　きこえる

ぶたのこ　え　　ぶーぶー　ぶー

触れる遊び

お母さんとの信頼関係がしっかりできると、少しずつ周りの大人にも心を開き、受け入れることができるようになります。子どもと大人の信頼関係ができてから、触れる遊びを楽しみ、さらにスキンシップを深めていきます。初めは無理をせず、『ジーカイテポン』のような短いものからはじめてみましょう。子どもは触れてもらうことを喜び、繰り返しやって欲しいと手を差し出します。

『ジー カイテ ポン』

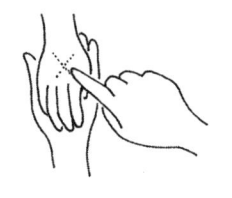

* 「ジーカイテ」と「ポン」の動きを対照的にする。例えば、絵のように「ジーカイテ」を直線で表したら、「ポン」は点で表す。
* 「ジーカイテ」はゆっくりはっきり発音して、「ポン」は明るく軽くする。
* 手の甲だけではなく、掌、足や顔や体のいろいろな部分にもしてあげる。

『でこちゃん はなちゃん』

①子どものおでこに触れます。　②鼻のあたまに触れます。　③両方のほほをクルクルさわります。　④両方のほほを指でそっと触れます。

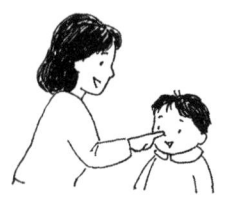

「でこちゃん」　「はなちゃん」　「きしゃぽーっ」　「ぽ」

第5章　子育ての中味を豊かにするために

『コゾーネロ』

わらべうたにはトナエウタといって音程のないものがあります。音程がないので、リズムをしっかりとりながら、言葉をはっきり発音してあげます。簡単で短いものが多く、同じ言葉や似た調子の言葉が繰り返されているので、子どもたちの耳に優しく響き、心地よく感じます。

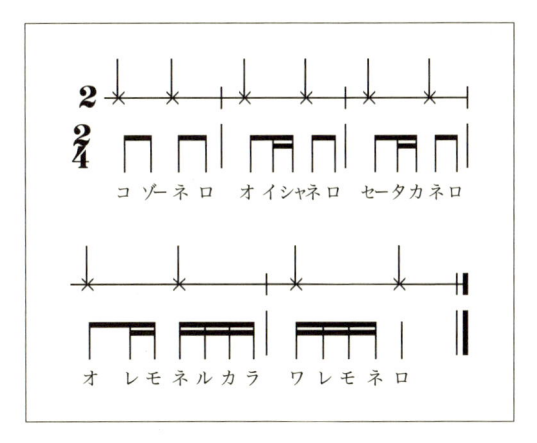

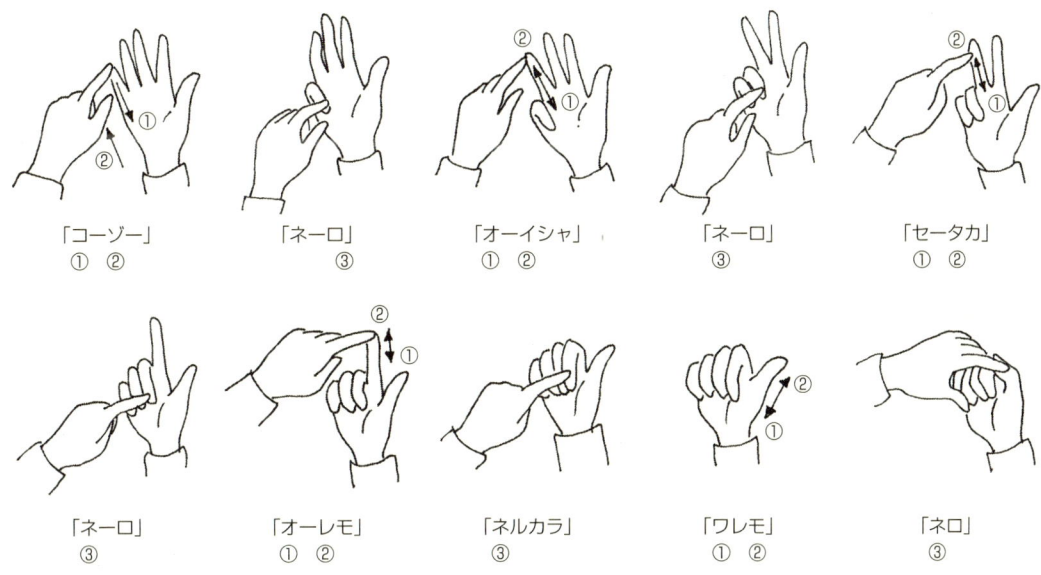

「コーゾー」①②　「ネーロ」③　「オーイシャ」①②　「ネーロ」③　「セータカ」①②

「ネーロ」③　「オーレモ」①②　「ネルカラ」③　「ワレモ」①②　「ネロ」③

『めんめんすーすー』

＊それぞれの部位をゆっくり触ってあげましょう。最後に「チュ！」と優しく唇に思いを込めて触ると、どの子も満足そうに笑います。

＊「メンメン」：子どもの左目じりを2回つつく。

＊「スースー」：鼻に2回すじをひく。

＊「ケムシニ」：左まゆを2回こする。

＊「キクラゲ」：左耳たぶを2回ひっぱる。

＊「チュ！」：唇の上に指をあてる。

メン，メン，	子どもの左目じりをつつく（2回）
スー，スー，	鼻にすじをひく（2回）
ケム　シニ	左まゆをこする（2回）
キク　ラゲ	左の耳たぶをひっぱる（2回）
チュ。	口の上に手をあてる

『ここはとうちゃん』

　命の大切さや家族のつながりを伝えようとした遊びです。

* 「こーこは　とうちゃん　にんどころ」
  ：右頬を4回つつく。
* 「こーこは　かあちゃん　にんどころ」
  ：左頬を4回つつく。
* 「こーこは　じいちゃん　にんどころ」
  ：ひたいを4回つつく。
* 「こーこは　ばあちゃん　にんどころ」
  ：顎を4回触る。
* 「こーこは　ねえちゃん　にんどころ」
  ：鼻の頭を4回つつく。
* 「だいどー　だいどー」：顔全体をなでる。
* 「こちょ　こちょ　こちょ」：喉を3回くすぐる。

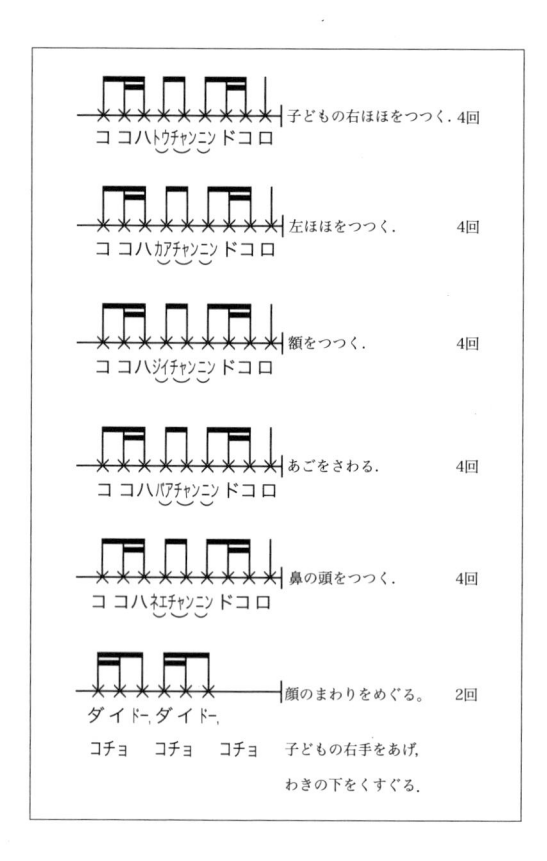

ココハトウチャンノニドコロ	子どもの右ほほをつつく．4回
ココハカアチャンノニドコロ	左ほほをつつく．4回
ココハジイチャンノニドコロ	額をつつく．4回
ココハバアチャンノニドコロ	あごをさわる．4回
ココハネエチャンノニドコロ	鼻の頭をつつく．4回
ダイドー，ダイドー， コチョ　コチョ　コチョ	顔のまわりをめぐる。2回 子どもの右手をあげ，わきの下をくすぐる．

　1歳になると、大人と一緒に少しずつ言葉を発語するようになります。子どもは繰り返し聞きながら、言葉に興味を持ちはじめ、大人の真似をして発語するようになります。わらべうたは、短い詩の中にも同じ文字で終わるものが多く、子どもたちが覚えやすいのです。そして、子どもたちは言葉の語尾から覚えていきます。例えば、♪このこ　どこのこ　かっちん　こ♪のように「こ」だけを一緒に楽しみます。

『このこ　どこのこ』

* 人形を使って、ハートビートに合わせて揺すりながら歌ってみせる。
* 子どもと一緒に人形を揺すったり、大人の膝の上に子どもを座らせて、左右に揺すりながら、ハー

トビートを感じさせる。
＊「このこどこのこ」はなめらかに歌い、「かっちんこ」は「かっ・ちん・こ」と切るように歌う。

『タケノコ　メ　ダシタ』

＊手はハートビートに合わせて動かし、言葉は手の動きに合わせて、ゆっくりはっきり発音する。
＊大人の手の動きを見て、一生懸命、真似しようとします。特に「ハサミデチョンギルゾ」の動きに悪戦苦闘します。

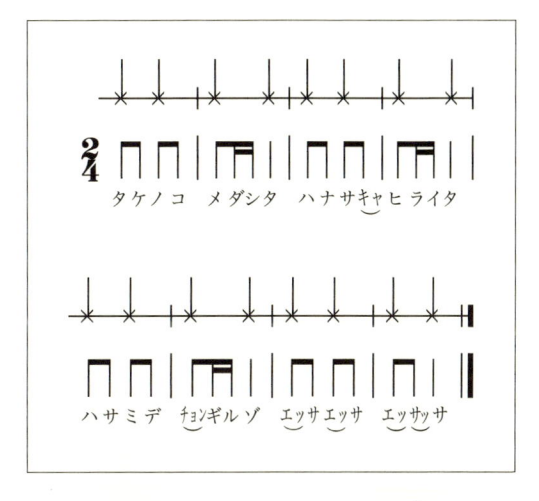

「タメノコメダシタ」　　「ハナサキャヒライタ」　　「ハサミデチョンギルゾ」　　「エッサエッサエッサッサ」

　子どもたちは、大人の膝の上に座って揺すってもらうことが大好きです。大人と向かい合って目を合わせてわらべうたを聞いたり、同じ方向を向いて座り背中でわらべうたを感じたりします。

　子どもが数人いる時は、一人ずつ順番に声をかけてあげます。膝の上に座っている子どもは、みんなの前で心ゆくまで関わることに満足し、周りで見ている子どもたちは、自分もして欲しいという気持ちが出てきます。この時、大人はできるだけ全員の気持ちを満たせるようにしてあげます。そうすれば、子どもはわれ先にと思わなくても自分の順番がくるまで待つことができるようになります。「次は〇〇ちゃんだからね」のひとことで、子どもたち

は安心します。

　しかし、子どもたちのなかには誘っても嫌がる子がいると思います。その時は、無理をせず自分からやって欲しいという気持ちになるまで待ってあげましょう。誘ってすぐに膝の上に座らなくても、他の子どもたちと同じようにいつも声をかけてあげることが大切です。こうして、大人の膝の上に座って揺すられることを楽しみながらハートビートを感じていきます。

　すると、自分がしてもらって楽しかったことを、遊びのなかで、人形やぬいぐるみにしてあげようとします。触れる遊び、揺する遊びを楽しみ、複数の子どもたちのなかで一人ひとりを大切に尊重することによって、子どもたちは少しずつ体も心も自立して、大人と一緒に歌ったり、うたに合わせて動くこと（一人遊び）ができるようになります。

『**おすわりやす**』

＊大人の膝の上に子どもを座らせて、膝を上下に動かします。

＊「こけまっせ」の「せ」のところで、子どもを膝の上からすべり下ろします。

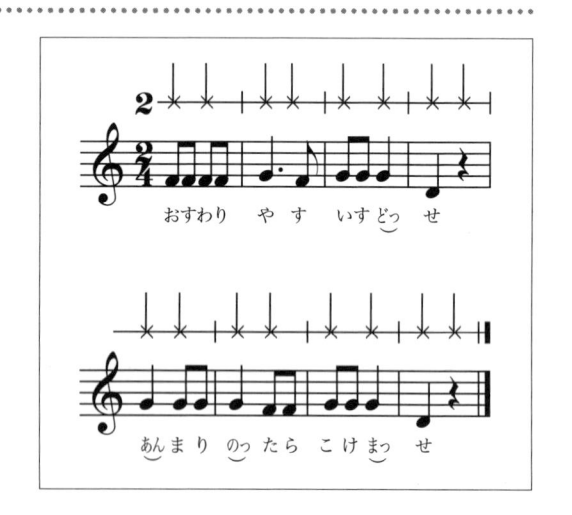

身近にある布を使ってわらべうたを楽しみましょう。布は正方形のものが使いやすいです。遊びのなかで丸めたり、端と端をつまんで広げたり、揺らしたり、握ったり、放して落としたり、いろいろなことができます。

まずは大人が、わらべうたに合わせて、布をいろいろ使って見せてあげましょう。子どもは布の動きを見たり、大人の表情を見たりしながら楽しんだり、わらべうたの知っている部分（言葉の語尾）を歌いながら、体をうたに合わせて揺らしたりします。そのうちに、大人と同じように布を見つけて持ってきて、真似して揺らしたり、広げたりします。

指先を使って遊ぶことは、脳の刺激にもなります。布の真ん中を親指と人差し指でつまんだり、段々に布の端と端を親指と人差し指でつまんで広げられるようになるといいですね。

また、布の素材も綿のもの、絹、タオル地、レーヨンなど、いろいろな肌ざわりのものを用意しましょう。素材の感触を楽しみながら、肌や指先を楽しみながら肌や指先を刺激します。

単純な布の動きであれば、一人でお座りができる0歳児後半から、一対一でゆったり歌って見せてあげられると思います。

『たこたこ　あがれ』

＊布の端を持ってきれいに広げる。
＊ハートビートに合わせて上下に動かす（手首を少し上下する程度）。
＊布は自分の目線よりやや下にする（子どもの表情が見えるように）。

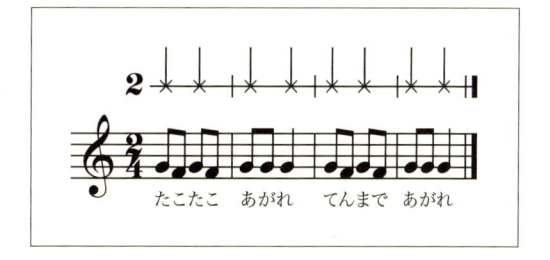

〔アレンジ〕

＊「たこたこ　あがれ　てんまで　あがれ」と歌ったら、「ヒュー、風が吹いたよ」と言って布を高くあげ、高くあげたところでまた歌う。
＊「ヒュー、今度は風が止んだよ」と言って、布を元のところにもどし、また歌う。
＊その繰り返しを楽しむ。
＊もう一段階ステップアップして、高くあがったら、音程を高くして歌ってみる。

『うえから　したから』

＊『たこたこ　あがれ』のように、布を広げて持ち、上下に動かす。

＊布の位置は、目線に合わせる（大人の口を隠すため）。

＊「こいこいこい」で歌い終わったあと、「フウーッ」と息を吹いて、布を揺らす。または、吹いた瞬間に手を離して前へ飛ばす（子どもの頭や顔などに飛んできて、くっついたりすると喜びます）。

「うえから　したから
　おおかぜこい
　こい　こい　こい」

最後にフーッと息を吹きます。

『にーぎり　ぱっちり』

「にーぎり　ぱっちり
　たてよこ　ひよこ」

「ピヨ　ピヨ　ピヨ　ピヨ」

　2歳になると、うたを一緒に歌うだけでなく、うたに合わせて動くことができるようになります。くまやキューピーに布を掛けて寝かせてわらべうたを歌ったり、積み木を並べながら口ずさんだりします。そして、子どもたちは同じうたを繰り返し歌って欲しいと要求します。絵本を「もう一回読んで」と言うのと同じです。

　このように耳で聞いたり、目で見たりしたことを内面に蓄積することによって、自分で歌

ったり、動いたりすることができるようになります。ですから、じっと聞いたり、見たりして吸収している時期がとても大切です。一緒に歌ったり、うたに合わせて手を動かす段階を「一人遊び」と言います。一人遊びは大人が歌いながらする動作を子どもが見て真似することです。ここでは、大人と子どもの一対一の関係が深められます。

『**ギッチョ　ギッチョ**』
＊握りこぶしをつくり、お餅をつくつもりで、ハートビートに合わせて上下に手を打ち合わせる。
＊いろいろな動きのバリエーションを子どもとつくって楽しむ。例えば、絵のようにお餅をのし棒で伸ばしたり、ちぎったり、まるめたりという動作を考える。

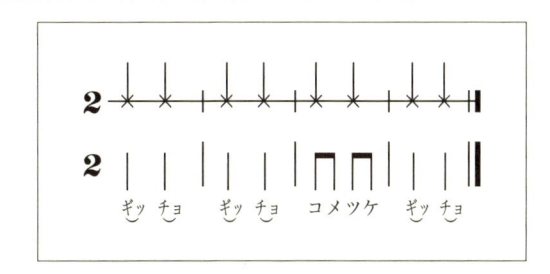

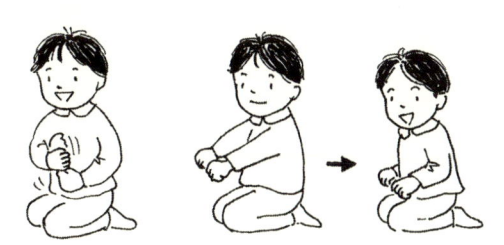

　子どもは信頼関係のある大人がわらべうたを歌いながら、体や顔に触れることによって安心感や喜びを感じます。そして、大人にしてもらった楽しかったことや、嬉しかったことを、自分の代わりに大好きな人形やぬいぐるみにしてあげるようになります。
　大人が人形を優しく抱いて、ほっぺに触れながら歌うと、子どもはじっと聞いていますが、終わると「やって　やって」と自分の顔を出したりします。大人が優しくていねいに人形に触れたり、歌ったりすることで、子どもにも優しくていねいに扱うしぐさと心が育ちます。

『ほっぺのもっちゃ』

＊両手で子どもの頬に円をかくようになでる。

＊人差し指で3回、頬をつっつく。

＊頬に円をかいて、1回つっつく（3回繰り返す）。

＊「まるで　ちょん」からは、片方ずつ頬に触れてもいい。

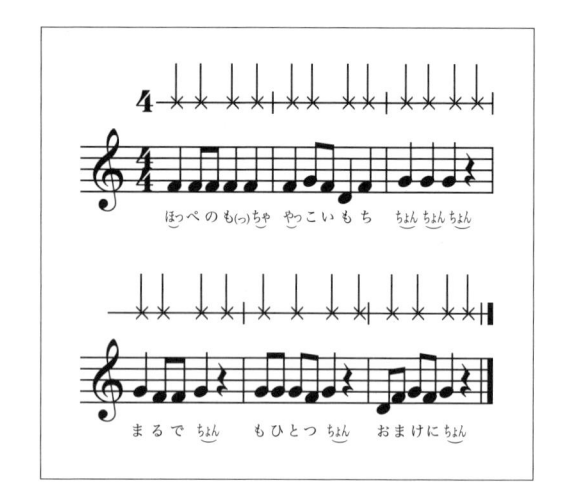

「ほっぺのもっちゃ　やっこいもち」

「ちょんちょんちょん」

「まーるでちょん」
「もひとつちょん」
「おまけにちょん」

『トーキョウト　ニホンバシ』

＊子どもの手を大人の掌にのせて、

＊「トーキョウト」：手の甲または掌を人差し指2回触れる。

＊「ニホンバシ」：手の甲を二本指で2回触れる。

＊「ガリガリヤマノ」：掌を掻く。

＊「パンヤサント」：掌で優しく2回たたく。

＊「ツネコサンガ」：つねる。

＊「カイダンノボッテ」：手の甲から脇の下に二本指でかけあがる。

＊「コチョコチョ　コチョコチョ」：脇の下をくすぐる。

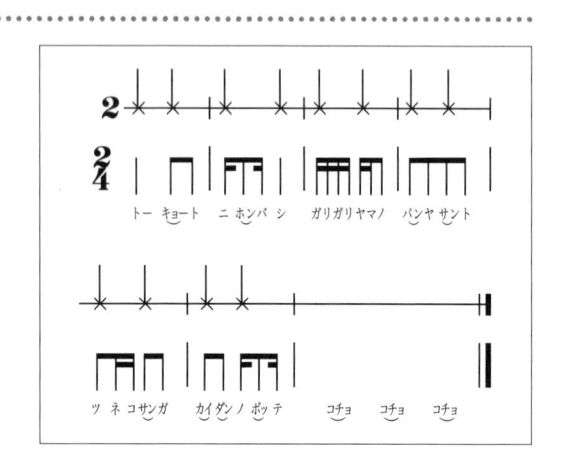

第5章　子育ての中味を豊かにするために

　わらべうたは、特別な道具を使わなくても、積み木やミニ動物を使って歌ってみせることができます。例えば、積み木を一列に並べながら、♪いちじく　にんじん　さんしょに　しいたけ……♪と歌うと、リズミカルに並べられます。また、並べたものを橋などに見立てて、♪どんどんばしわたれ……♪と歌いながら、積み木の上をミニ動物などを歩かせて楽しみます。

『いちじく　にんじん』

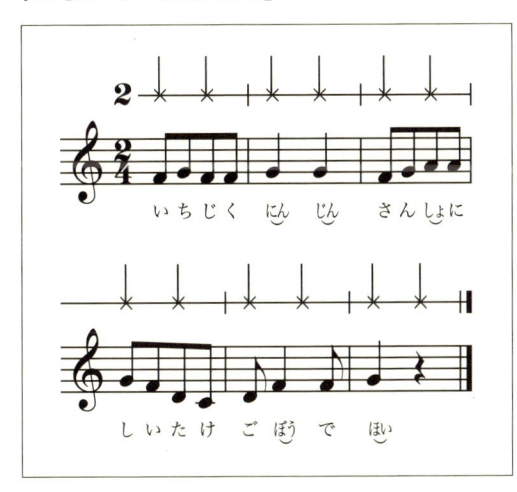

『どんどんばし　わたれ』

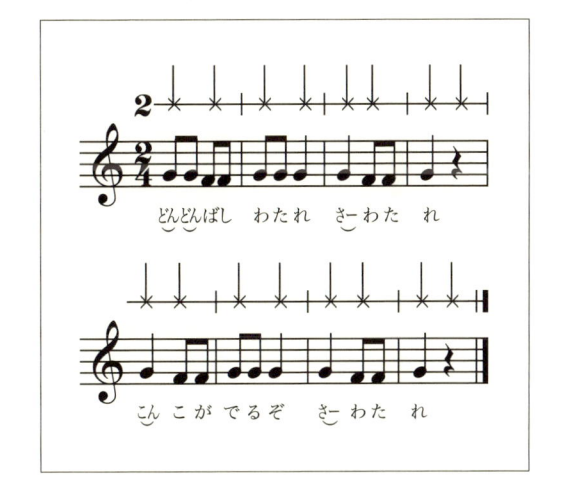

　『タケノコメダシタ』の遊びで、指が思うように動かなかった子ども成長とともに自由に動くようになります。

『ちょっぱー』

＊戸外では手の代わりに足で、グー・チョキ・パーを表現して遊ぶのも楽しいです。

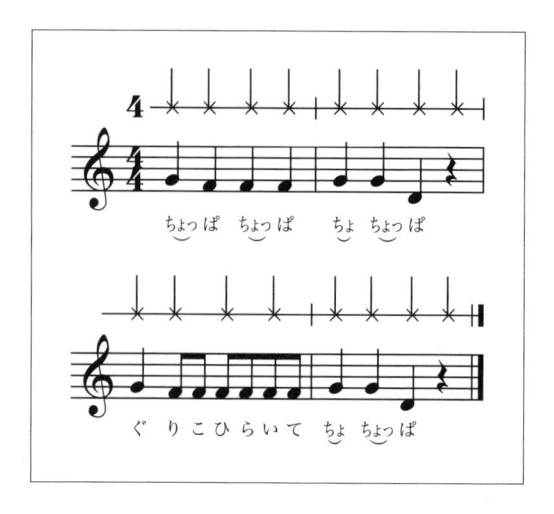

「ちょっ」　「ぱー」

「ぐりこ ひらいて」

手や指が分化して大人と同じように動かせるようになると、自発的に歌ったり、動いたりして楽しめるようになります。そして、一人遊びから二人遊びへ、集団で輪をつくって遊ぶ遊びへと変化していきます。

『おちゃをのみに』

＊「おちゃをのみにきてください　はい」：両手をハートビートに合わせてたたく。「はい」もしっかり一拍たたく。

＊「こんにちは」：頭をさげて挨拶をする。

＊「いろいろおせわになりました　はい」：両手をハートビートに合わせてたたく。

＊「さようなら」：頭をさげて挨拶をする。

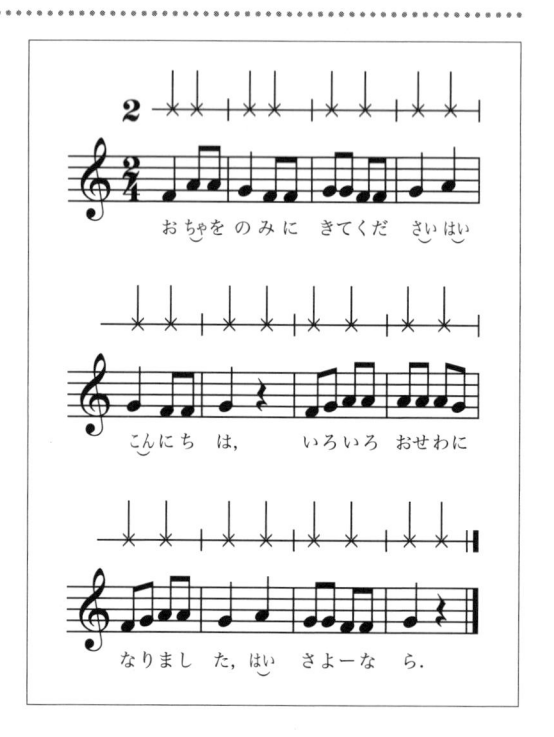

『おせんべ』

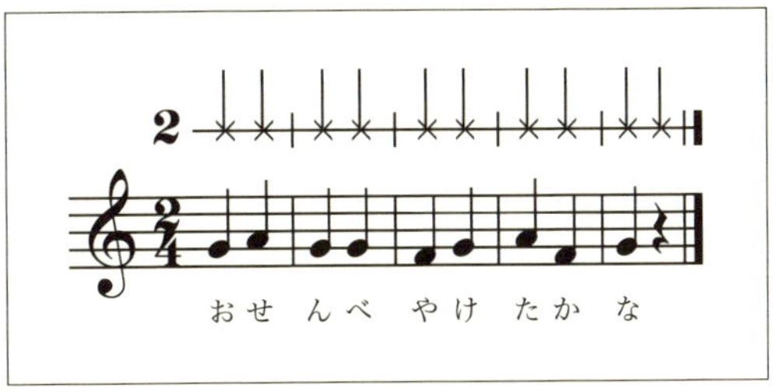

* 「おせんべ」：手の甲を上にして両手を前に出して、軽く上下にハートビートをとる。
* 「やけたかな」：両手をひっくり返し掌を上にする。
* もう一度「おせんべやけたかな」と歌い、焼けたらお醤油などをつける真似をして、手をおせんべに見立てて、美味しそうに食べる真似をする。

醤油をぬったり、海苔をつけたり、その時の子どもの様子に合わせて楽しくアレンジしてみましょう。

「おせんべやけたかな」 　　ひっくり返して　　モグモグモグ
　　　　　　　　　　　　「おせんべやけたかな」　「あーおいしかった」

『にわとりいちわは』

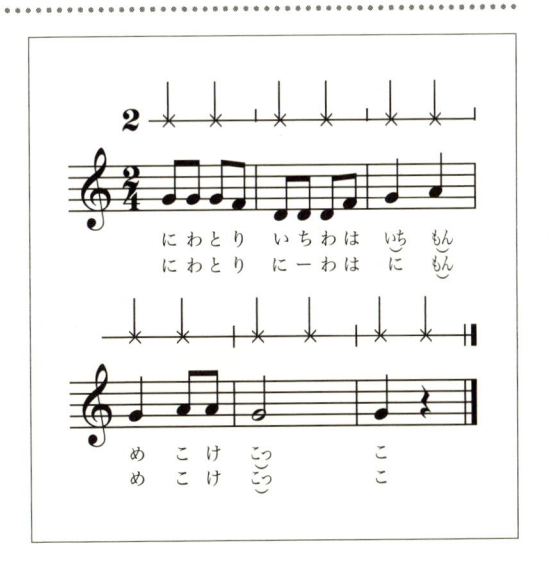

* 「にわとりいちわはいちもんめ」：両手をハートビートに合わせてたたく。
* 「こけこーっこ」：片手を頭の上にのせ、トサカのようにし、もう片方の手はお尻につけて尾っぽのようにして左右に軽く振る。
* 「にもんめ　さんもんめ」も、同じように繰り返す。

「にわとり　いちわは　いちもんめ」
「にわとり　にわは　にもんめ」
「にわとり　さんわは　さんもんめ」　　「こけこーっこ」

3歳になると、みんなで輪になって一人遊びを楽しみます。一緒にわらべうたを楽しむ仲間の姿が見えてきます。子どもたちの視野が少し広がり、大人を見るだけではなく、友だちはどうやっているのか、自分はどうすればいいのかが輪を作ることによって見えてきます。また、輪を作る時に子どもたちに真っ直ぐ立つことを伝えます。真っ直ぐ立つことはとても気持ちがよく、心も真っ直ぐに立ちます。まず、大人がこのことを感じることが大切です。

『くまさん　くまさん』（二人組）

＊二人ずつ組んで向かい合って立つ。「くまさん　くまさん」で、手をたたく。

＊「まわれみぎ」：360度まわる。

＊「りょうてをついて」：相手の手と合わせる。

＊「かたあしあげて」：腰に手をあてて片足で跳ぶ。

＊「さようなら」：相手にお辞儀をする。

「くまさんくまさん」

「まわれみぎ」 　「りょうてをついて」 　「かたあしあげて」 　「さようなら」

第5章 子育ての中味を豊かにするために

　乳児から幼児への移行の時期である3歳児は、個々の自立に向けて集団を意識した一人遊びをたくさん楽しみます。今までとは少し空間の設定を変えて、一人ひとりに椅子を用意して自分の場所を作ってあげます。この時、大人と向かい合わせになり、半円形を作ります。大人から子どもたち全員が見え、子どもも友だちの様子が見えます。自分の場所ができることによって、より個人が独立し、周りが見えてきます。

　また、大人は座る姿勢を子どもたちに伝えます。背中を伸ばして、膝を閉じて、肩の力を抜いて。よく聞いたり、きれいな声を出すための姿勢づくりをしていきます。座ったり、立ったりして一人遊びを楽しみながら、歩行遊びに発展していきます。大人が先頭に立ち、一列に並んで、わらべうたに合わせて歩いたり、ハートビートに合わせた動きをつけたりしながら歩きます。初めは真っ直ぐに立てなかったり、列が作れなかったりしますが、大人が上手にできている子どもをほめてあげると、他の子どもも自分もほめて欲しいと思い、その子を見てきちんとします。

　3歳児はよいことを模倣しますが、逆にふざけることもあるので、それに注意しながら、子ども同士、互いの関係を成長させていきます。子どもにも集団の中の自分が見えてくる年齢です。

『さるのこしかけ』

* 「さるのこしかけ」：立ってハートビートに合わせて手をたたく。
* 「めたかけろ」：椅子に座ってすぐに（休符のところで）立ちあがる（座った時に足を少し浮かせる）。
* 同じ動きを2回繰り返す。

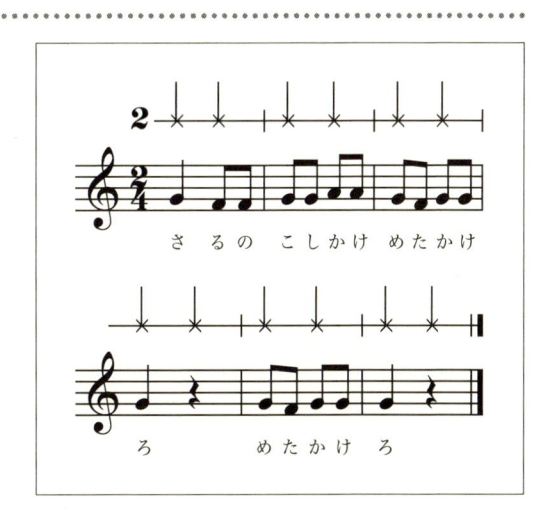

「さるのこしかけ」　　「めたかけろ」

『いちわのからすが』

* まず座った姿勢で動きを楽しみます。
* 「いちわのからすが」「にわのにわとり」「さんはさかなが」「しはしらがの」は、同じ動作。ハートビートに合わせて手をたたく。
* 「かーか」：両手を羽のようにして上下に振る。
* 「こけこっこ」：手でトサカと尾っぽを作る。
* 「およぎだす」：平泳ぎで水をかいているような動作。
* 「おじいさん」：片手を腰の後ろにあて、もう一方の手で杖をついて歩く真似をする。
* 動きがわかってきたら、立って円を作り内側を向きます。立ったままで動作をつけて歌ってみます。
* 「ほら　いちぬけろ」以降は、4〜5歳児の門くぐり遊びに使います。

「いちわのからすが」
「にわのにわとり」
「さんはさかなが」
「しはしらがの」

「かーか」

「こけこっこ」

「およぎだす」

「おじいさん」

　このように動作を伴ううたを、座ったり、立ったりして（静止した状態）行うことによって、動きのある一つひとつがていねいになり、言葉もはっきりしてきます。

第5章　子育ての中味を豊かにするために

　わらべうた遊びのなかでも、今まではところどころの動きを真似していた子どもたちも、大人の動きがよく見えるようになり、もっと楽しく遊べるようになります。その場に立って遊ぶ「一人遊び」だけではなく、わらべうたに合わせて歩く「歩行遊び」、自分一人で楽しむだけではなく、みんなと一緒にうたを聞いたり、歌ったり、うたに合わせて動いたりすることに喜びを感じるようになります。そして、「一人遊び」から「二人遊び」「役交代遊び」へと展開していきます。

『ハタハタオレヨ』

* 「ハタハタオレヨ　イッタンオッタラ」：右手と左手を交互に前に出す。
* 「ヤスマシタルヤ」：腕組みをして上下させる（4拍）。
* 「ヤスマシタルヤ」のところは、頭や膝など体の部分をリズムに合わせて軽くたたいてみてもよいでしょう。

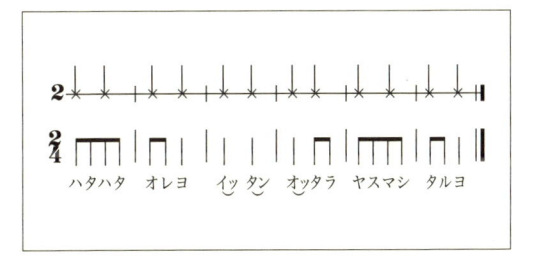

『いもむし』

〔歩行・一人遊び〕

* 前にかがんで、うたのハートビートに合わせて左右に体を揺らしながら歩く。

〔歩行・二人遊び〕

* 二人組になり、前にかがんで後ろの人が前の人の腰につかまり前進する。
* 前後を交代して楽しむ。

『たにこえやまこえ』

〔一人遊び〕

＊右手と左手を交互に前に出す。『ハタハタオレヨ』の初めの動作と同じ。

＊うたの前には「シュ　シュ　シュ　シュ」、後ろには「シュ　シュ　シュシュ　シュ　ポー」などの汽車の効果音を入れると楽しくなります。

＊「シュ　シュ」の動作は、うたの動作と同じです。

　汽笛「ポー」は、紐を引っぱるように片手を上から下に動かします。そして、大人がある高さの音を出し、子どもたちに聞かせます。集中して同じ音を出そうとします。1回でうまく音程がそろわない時は、何度か大人と子どもで汽笛のやりとりをして、うまく合った時は「きれいだったね。すてきな汽笛だったね」とほめてあげましょう。こういう短い音を聞いて、同じ音を出す、あるいは周りの音に自分の声を合わせようとすることは大切です。

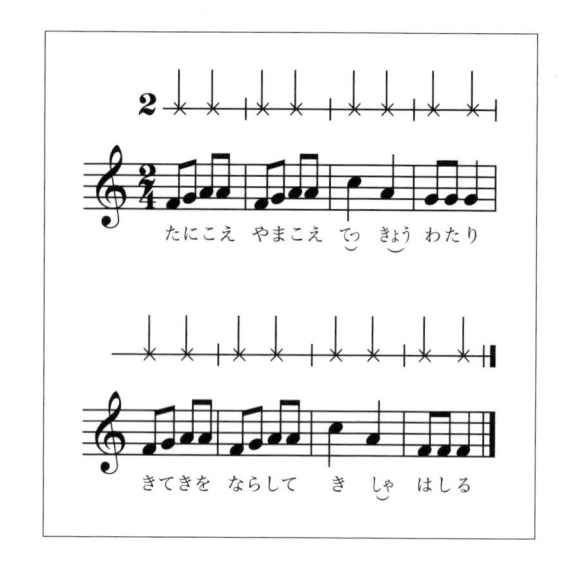

　4歳になると、わらべうただけでなく、生活全般を通して自主性や協調性がますます育ってきます。わらべうた遊びをたくさん楽しみ、より関わりを深めるために「二人組の遊び」を中心に「役交代遊び」へと展開していきます。

　「二人組の遊び」は、ほとんど相手と顔が向き合います。大人と子どもが一対一でする時も、子どもの表情をよく見て、目を合わせて歌って動きますが、子ども同士も互いに目を見つめて遊べるように心がけましょう。

　また、二人で手をつないで同じ動きをするので、互いに自分勝手に動いてしまうと楽しく遊べません。動きの基本となるのは、常にハートビートです。子どもたちは以下のような三つの目でハートビートを感じます。

① 　心の目です。うたを耳で聞いて感じます。

② 　体の目です。遊びの動きを通して感じます。

③ 　自分の目です。大人や相手の周りの仲間の動きを自分の目で見て感じます。

第5章　子育ての中味を豊かにするために

3つの目を充分に働かせて、相手と呼吸を合わせて、たくさんのわらべうた遊びを楽しんで欲しいと思います。

『オフネハ　ギッチラコ』

* まず、一人遊びを楽しみます。
* 床に足を伸ばして座り、ボートをこぐように両手を前に伸ばして、縮める動作をハートビートに合わせて繰り返す。
* 次に二人組を大人が作ります。
* 向かい合って伸ばした足の裏をくっつけて座り、両手をつないで、ハートビートに合わせて前後に動く。

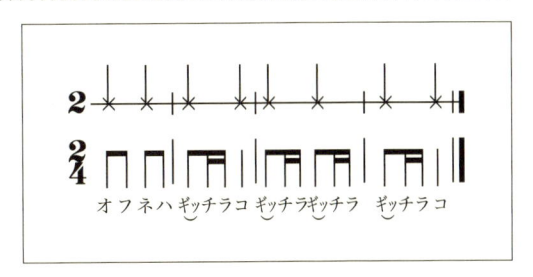

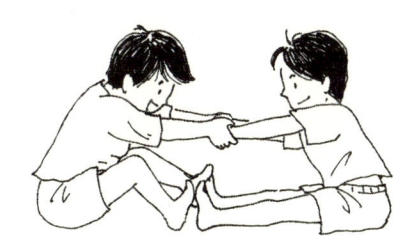

『アズキチョマメチョ』

* 二人で向かい合って両手をつなぐ。
* ハートビートに合わせて膝を軽く曲げ伸ばしをする。
* 「ツブレッチョ」の「チョ」で尻餅をつく。または、しゃがむ。
* 『このこどこのこ』のように、一重の円を作り、左右で相手を交代して遊ぶこともできます。

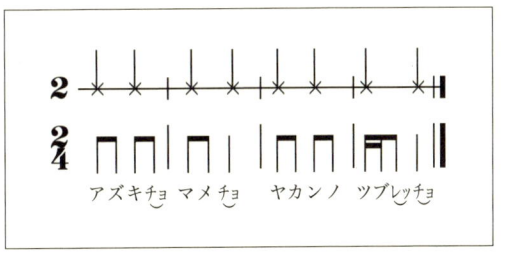

『ひとまねこまね』

* 鬼決め遊びをして、鬼になった子を中心に遊びの輪を作る。
* 鬼は中心にしゃがみ、両手で顔を隠す。輪を作っている子どもたちは時計と反対に歩いて回る。
* うたの終わりの「ほえろ」で、輪の動きが止まり、その時に鬼の後ろにいる子どもが、鬼の背中のところで「コンコン」と狐の鳴き真似をする。
* 鬼は鳴き声を聞いて、後ろの子どもの名前を当てる。名前がわからない時は、「女の子」「ズボンをはいている人」などの答え方でもよい。
* 鬼が後ろの人を当てたら、当てられた人と交代する。

『こーじゃーんまぐゎ』

* 二人組を作り、前の人が馬に、後ろの人が荷物になる。
* 馬の人は、両膝をはり、左右にハートビートに合わせて振る。
* 荷物の人は、前の人の肩に両手をかけてつながって歩く。
* 前後を交代して繰り返す。

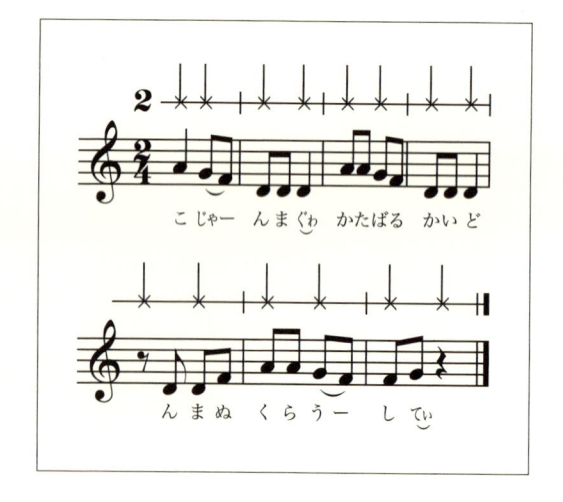

第5章　子育ての中味を豊かにするために

『しろまめ　くろまめ』（鬼決め遊び）

＊輪の中心を向いて、両手を握って前に出す。

＊一人輪の中に入り、ハートビートに合わせながら、こぶしを指差し、軽く触れていく。

＊「おこりゃせんぞ」の「ぞ」に当たった人が鬼になる。

『ギッチョ　ギッチョ』

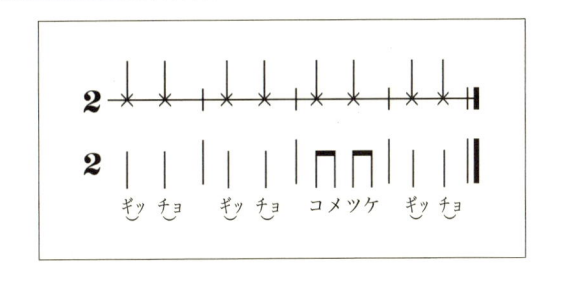

〔ハートビート、リズムたたき〕

＊椅子に座って、または立って、前述の一人遊びを楽しみます。

＊何回か繰り返した後、ハートビートに合わせて歌いながら手をたたいてみます。そして、今度は言葉の通りに手をたたいてみます。これを「リズムたたき」と言います。初めはあせらず、ゆっくり言葉をはっきり発音しながらやってみます。

　「コメツケ」の部分が8分音符になるので難しくなります。遊びながら意識して取り組んでいくうちにあせらずにたたけるようになってきます。決して、リズムたたきだけにとらわれずに、遊びを通して感じたリズムを手でたたいて表現してみるという感じで取り組みましょう。

〔歩行遊び〕

　足でハートビートを感じ、言葉をはっきり発音しながら、一列になって歩き、遊びの輪を作ります。

〔役交代遊び〕

＊輪を作り内側を向き、鬼は輪の中に入る。輪の内側をハートビートに合わせて歩きながら、「コメツケ　ギッチョ」の「チョ」で、目の前にいる人の肩に触る。

＊肩を触られた人が輪の中に入り交代して歩く。

『ほたるこい』

〔役交代遊び〕

＊鬼が輪の内側をちょうちんを持ってハートビートに合わせて歩く。

＊「ちょいとみてこい」の「こい」で前の人にちょうちんを渡して交代する。

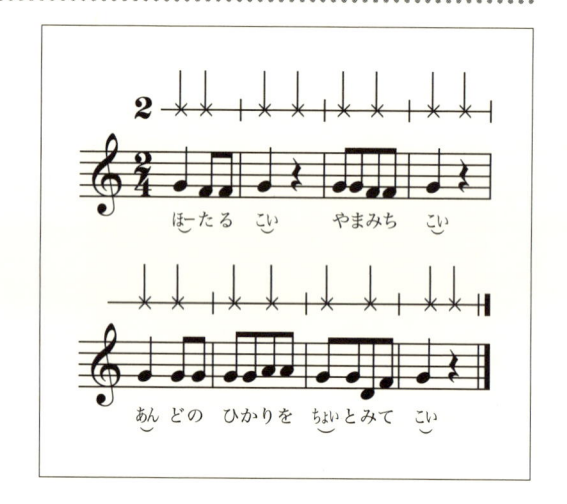

　このうたには楽譜を見てわかるように休符が3ヶ所あります。子どもたちとリズムたたきを楽しんだ後、音のないところを探します。音のないところ＝休符になり、休符のところで手をたたきます。だだ、手をたたくだけではなく、休符のところでほたるを捕まえたり、逃がしたりする動作に変えて遊びます。

第5章　子育ての中味を豊かにするために

〔二人組の遊び〕

　二人で一つのグループを作り、一人がほたるの羽に、もう一人が光るお尻になります。前の人は両手を横に広げて羽を表し、後ろの人は前の人の肩に両手をかけてつながります。

＊他のほたるとぶつからないように自由に飛ぶ。
＊何回か楽しんだら、前後を交代する。

　5歳になると、遊びのなかの動きが複雑になり、簡単なルールを持った遊びも出てきます。子どもたちは遊びながらルールを覚え、動きを通してビートやリズム、フレーズを感じます。一人ひとりがルールを理解して、みんなで遊ぶ楽しさを知って欲しいものです。
　また、大人が常にリードをとるのではなく、繰り返し遊んで動きやうたを覚えているものは、少しずつ子どもに任せて、大人が見守っていくことも大切になります。例えば、鬼決めは大人がわらべうただけを決めて、鬼決め遊びで鬼を決めるのは一人の子どもに任せてもいいでしょう。子どもたちだけでも楽しく遊べる環境を作っていきましょう。

『どーやくびんやく』（門くぐり・力遊び）

＊鬼決めをして門を作る人を決める。
＊「かぎかった」の「た」で門をおろし、掴まえた子にミカンが好きかリンゴが好きか、他の子に聞こえないように聞いてどちらかを選んでもらう。

＊選んだ方の門の後ろにつき、全員がわかれたところで引っぱりっこをする。引っぱる時は、すぐ前の人の腰に手をまわし、離れないようにしっかりつかまる。

＊勝負は引っぱりあって、先に列が切れた方が負けになる。

＊ミカンとリンゴのかわりに子どもの好きなものにしてよい。

『キーリスチョン』（役交代遊び）

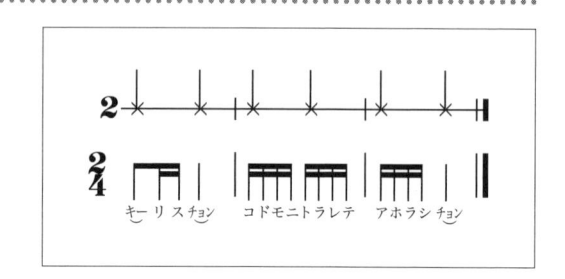

＊鬼になった人が輪の中に入り、両足跳びをしながら輪の内側を回る（輪を作っている人から離れないように）。

＊「アホラシチョン」の「チョン」で、近くにいる子の肩を触り、役を交代する。

『どんどんばし』（門くぐりの遊び）

第5章　子育ての中味を豊かにするために

＊鬼決めを2回して門になる人を決める。

＊鬼は横に並んで立ち、互いの内側になる手をつなぎ、わらべうたに合わせて門をくぐりながら歩く。

＊「さあ　わたれ」で門になっている二人はつないだ手をおろし、歩いている人をつかまえる。

＊つかまった人は交代して新しい門を作る。門を作っていた二人は列の一番後ろについて歩く。

『たまりや』（役交代遊び）

＊鬼決めで、一人がねこ、もう一人がねずみになる。

＊隣の人と手をつなぎ輪を作り、ねこは輪の中、ねずみは外に出る。

＊輪を作っている人たちは歌いながら、ハートビートに合わせてつないだ手を前後に振る。

＊歌が終わったと同時にねこはねずみを捕まえにいく。

＊輪の人たちはつないだ手を上げたり下げたりして出入口を作る（輪の人たちはねずみがねこに捕まらないよう出入口を上げたり下げたりして応援する）。

＊ねこがねずみを捕まえたら、遊びが終わり、ねことねずみがそれぞれ一人ずつ次のねことねずみになる人を選んで交代する。

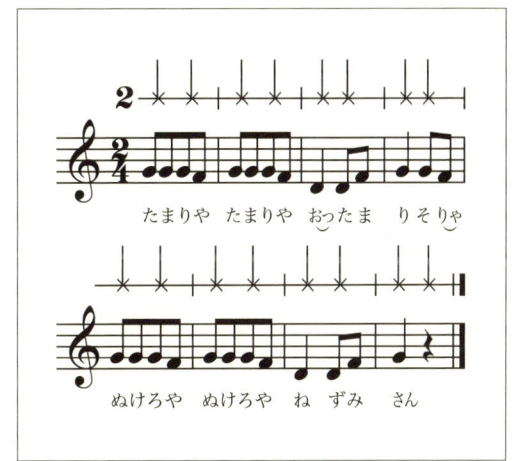

『大波小波』

〔一人遊び〕

* 「おーなみこなみ」：ハートビートに合わせて手をたたき、「こなみで」は小さくたたく。
* 「ぐるりとまわって」：その場で足ぶみをしながら360度回転する。
* 「ねこのめ」：「め」で親指と人差し指で輪を作り、眼のところにくっつける。

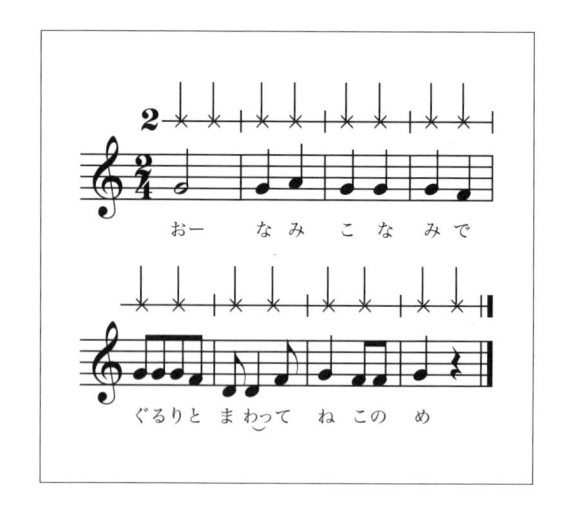

「おーなみこなみで」 　　「ぐるりとまわって」 　　「ねこのめ」

〔二人遊び〕

* 「おーなみ」：二人組で向き合い、ハートビートに合わせて手を4回たたく。
* 「こなみ」：向かい合った人と両手を4回合わせる。
* 「ぐるりとまわってねこのめ」：右腕を組んで360度回る。「め」で相手と目を合わせる。

「おーなみこなみで」 　　「ぐるりとまわって」 　　「ねこのめ」

第5章　子育ての中味を豊かにするために

　ハートビートを感じるだけでなく、子どもたちにフレーズを意識してもらうために「うたつぎ」という遊びもあります。一つのボールを使い、フレーズごとに大人と子どもでボールを受け渡しします。例えば、『たこたこあがれ』の場合、「たこたこあがれ」の「れ」で大人が子どもにボールを渡し、「てんまであがれ」の「れ」で大人にボールを戻します。フレーズの終わりにボールを投げることによって、フレーズが意識されます。初めは『たこたこあがれ』や『ギッチョ　ギッチョ』など、短いわらべうたで楽しみましょう。

『でしこしかっぽう』

　ボールを使わずにフレーズごとにうたをやりとりする方法もあります。例えば、『でしこしかっぽう』の場合、大人が「でしこし」と歌い、子どもが「かっぽう」と歌います。子どもは「かっぽう」の部分のみを歌うことになります。ただ歌うだけでなく、前のフレーズの音をしっかり聞きとって歌うようにします。そして、他の子どもたちとも声をそろえていくように心がけます。大人と子どものパートを交代してみたり、子ども同士で二つにわかれてやってみるのもよいでしょう。お互いやりとりを楽しみながら、フレーズという音のかたまりを意識して、フレーズごとに呼吸をすると楽に歌うことができます。

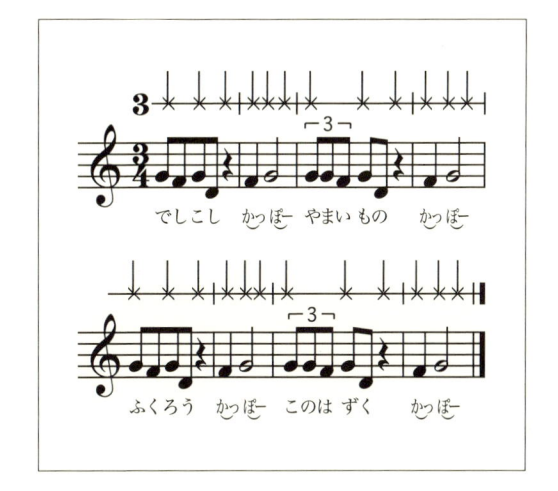

わらべうた遊びは、個から少しずつ集団に広がっていきます。そして、わらべうたを通して仲間との関わりを学びます。動きは座って一人遊びをすることから、立って輪になって一人遊びをするようになり、立つことから歩くことへと発展していきます。動きの中で大切なことは、ハートビートを感じることです。わらべうたを通して、大人と子どもの信頼関係をつくり、子どもも大人も心から遊ぶことを楽しんでいただきたいと思います。

　なお、この文章は『げ・ん・き』23号から39号に連載した諏訪部敦子さんの「たのしくあそぼうわらべうた」をもとにまとめました。

【参考文献】
　人を育てる唄(エイデル研究所)
　呼びかけの唄(エイデル研究所)
　生きる力を育むわらべうた(エイデル研究所)
　うたと積み木とおはなしと(エイデル研究所)
　あかちゃんとお母さんのあそびうたえほん(のら書店)
　子どもとお母さんのあそびうたえほん(のら書店)
　いっしょにあそぼうわらべうた(明治図書)

第5章　子育ての中味を豊かにするために

どんなおもちゃがいいのかな？

　皆さんは子どもの頃、夕食後の一家団欒のひと時をどう過ごされていたでしょうか。振り返ってみれば、私が育った年代は実に貧しかったのですが、家庭内に癒しがあったと思います。夕食後の短いひと時でしたが、お話を聞いたり、将棋の山崩しをしたり、回り将棋をしたり、五目並べをしたり、時にはカルタとりをしていました。

　しかし、昨今の家族の風景は、家族全員がホテル家族化しているように感じます。家にはいるけれど、心はバラバラ、向かい合うという関係が薄れています。テレビをはじめ映像が子どもの成長・発達に与える影響については前述したので、ここでは触れませんが、大人と子どもが一緒に楽しむ場を共有するということは、子どもにとっては親子の信頼関係を太くする場、お父さんお母さんを尊敬のまなざしで見つめる機会でもあるのです。また、大人にとっては、「指先が器用になってきたなー」とか「だんだん記憶力がついてきたなー」という子どもの成長を確認する大切な場でもあるのです。いいおもちゃは、子どもの成長・発達を助けるだけではなく、大人が子どもの成長・発達を確認したり、その時の子どもの内面を映してくれる鏡なのです。いいおもちゃをそろえ、親子で一家団欒を楽しんでください。

◆ モビールねこ

◆ モビールZOO

◆ リングリィリング

◆ 丸スズ

◆ ドリオ

◆ ポストボックス

子どもは、はめ込んだり、穴から物を落としたりすることが大好きです。最初は円柱しか入れられなかったのが、三角、四角とだんだん形の特徴を認識していきます。まだ、形の認識ができる以前に与えたいおもちゃです。

◆ ノックアウトボール

木のハンマーでボールをたたくと、下の穴からコロンと出てきます。1歳頃からの目と手の協応作用を発達させ、集中力を高めます。

◆ カラームカデ

1978年に日本に入って以来、いつも人気のあるプルトーイです。ひもを引っ張ると体をくねらせるようなユーモアのある動きをします。

◆ メタルフォン（G10）

子どもが最初に出会う楽器は、美しい音色で正確な音程のものでなければならない、をモットーとする楽器メーカーが作った子ども用鉄琴です。鍵盤を外して裏側を見ると、どれも少しずつ削って調律してあるのがわかります。

◆ ミニマフィン

乳児はこの人形でつかむ、持ち歩く、寝かせる、抱く、大人の真似をしてあやすことなどをします。

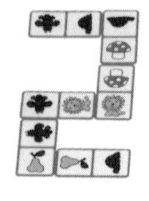

◆ ブルーナドミノ

36枚のカードを使って同じ絵をつないでいくドミノゲーム。3歳以下の子どもには同じ動物のカードを見つけたりして遊ばせるのもよいでしょう。

第5章　子育ての中味を豊かにするために

◆ クラウン

同じ数字のついたカードを1から8まで分けて、ゲームスタート。サイコロでふった目と同じカードが自分のものになり、もらったカードで自分のピエロを作ってその大きさを競うゲーム。カードの幅が広くても狭くてもピエロがちゃんとつながるのが嬉しい。

◆ キンダーメモリー

66枚のカードを裏向けに机上に並べ、その中から同じ絵のカードのペアを見つけていくゲーム。トランプの神経衰弱と同じ遊びです。絵の位置を覚えるのは子どものほうが得意です。

◆ テンポかたつむり

色サイコロだけでも遊べるので3歳以下の子どもでも大丈夫。

◆ クイップス

ボード4枚、4人まで一緒に遊べます。色と数に興味を持ちはじめたらこのゲームの出番です。小さい子どもたちだけでもよく遊べます。

◆ 積木（Aつみき中　箱34CML）

ブナとカエデの二種類の素材を使用。基尺は4cm。ふたの裏面に片づけ用の表が印刷されています。箱にもどすのも遊びの一つです。

【参考文献】
子育てにおもちゃを（エイデル研究所）
おもちゃの選び方、与え方（エイデル研究所）

（新開英二）

あとがき

　子育てに関する科学と実践にかかわりを持って20余年になります。この間、全国各地を訪れ、講演をしたり、保育園・幼稚園の先生・保護者の方々とお話したりする機会をしばしば持つことができ、多くを学ぶことができました。

　わずか20年に過ぎませんが、保護者をはじめ子育てに関わっておられる方が抱えている課題が、その時々によってかなり異なっていることを学びました。そして現場からの要請に応じて、若干の知見を公表してきました。

　ここでは、21世紀まもない今の日本において、子育てにおける課題は何であるかについて、佐野と新開の一致する知見を述べることにします。

　少子化対策の一環として、政府は子育て支援の施策を次々に打ち出しています。新エンゼルプランによれば、「保育サービス等子育て支援サービスの充実」、「仕事と子育ての両立のための雇用環境の整備」、「働き方についての固定的な性別役割分業や職場優先の企業風土の是正」、「母子保健医療体制の整備」、「地域で子どもを育てる教育環境の整備」、「子どもたちがのびのび育つ教育環境の実現」、「教育に伴う経済的負担の軽減」、「住まいづくりやまちづくりによる子育ての支援」の8項目を掲げています。うち「保育サービス等子育て支援サービスの充実」では、「低年齢児（0～2歳）の保育所受入れの拡大」、「多様な需要に応える保育サービスの推進（延長保育、休日保育の推進等）」、「在宅児も含めた子育て支援の推進（地域子育て支援センター、一時保育、ファミリー・サポート・センター等の推進）」、「放課後児童クラブの推進」をあげています。

　こうした少子化対策には一定の評価をしておりますが、「働く女性を支援する、家庭保育を支援する」ことだけが前面に出てしまい、「まっとうな人間に育っていくための、子ども支援」という基本認識に欠けていることが非常に気になります。無原則といわれても仕方がないような「延長保育」などは、そのよい例です。そのことは、学童保育の延長にも共通するところです。

　小学校における「ゆとりの教育」も気になります。ゆとりだけがひとり歩きしてしまい、人間としての基礎学力を身につけさせる、という小学校教育の使命を放棄しているとさえ思えてなりません。

子育て支援や教育改革の中核となるものは、大人の勝手な論理、政治・経済的論理に基づくものであってはならないのです。子どもの発達をどう豊かに保障していくか、そのことも改革の柱の1つにならなければならないのです。しかもこの視点にたった取り組みが可能なのです。最近やっとわが国でも論議されるようになったワークシェアリングの導入がそのよい例です。

　世界に先駆けて、ワークシェアリングを実施しているオランダでは、出生率を高めることに成功しています。ワークシェアリングは、「労働時間を短縮し、仕事をより多くの人で分かちあう」ことにありますが、同時に家庭生活や地域における生活の充実につながります。さらに今以上に親子の触れ合いの時間がもてるようになります。こうした取り組みに期待したいものです。

　また、現代の子育て最中の親御さんたちは、頭では分かっているが、それを日々の生活で実行するという点で欠けるところがあると言えるのではないでしょうか。親子の触れ合いの不足、共感関係の不足、生活の乱れなどは、その1つの例です。これらは、本人の責任というよりも、彼らを育てた親の代、またはそれを押しすすめてきた社会に責任の一端があることは確かです。第4章「こんな生活してみませんか」に示した子育ての仕方は工夫次第で実現可能なものであると考えています。さらに、5章で述べたとおり、子どもとの触れ合い、共感関係を築くのに大切な役割を担うのが、読み聞かせであり、わらべうたやおもちゃであると思います。これもちょっとした努力で実現できます。

　私たちの理論と実践を取り入れてくださっている保育園・幼稚園が増えてきました。共に働きながら、これを実践している家庭も多いです。最近、あるお母さんとお話する機会がありました。私どもの講演や著書に出会ったことのない大都会、東京に住んでいる近代的なお母さんです。お話をうかがっていますと、驚いたことに、お子さんが生まれたときから、本書の内容（生活リズム、遊び、読み聞かせなど）とほぼ同じ子育てをしておられたのです。現在中学生と小学校高学年になる男の子は、いずれも成績優秀で、自立心旺盛なたくましい子どもに育っていました。しかし、そのお母さんは「当たり前の生活ですよね」と、こともなげに話します。まさに我が意を得たりです。

　これらのことを視野に入れながら、本書の内容を振り返りつつ、日々の生活に援用していただければと願っています。

● 筆者紹介

佐野勝徳（さの・かつのり）

1944年　徳島県生まれ
1967年　徳島大学卒業
1974年　東京教育大学（現筑波大学）大学院博士課程修了　医学博士
現在　徳島大学総合科学部人間行動コース心理学サブコース　教授
　　　徳島大学大学院臨床心理学専攻（独立専攻）関連講座　教授
　　　徳島県少子化対策県民会議委員　など

メールアドレス　sano@ias.tokushima-u.ac.jp

【主な著書等】

『子育て・子育ち・生活リズム』（1986, エイデル研究所）
『元気な子・健康な子に育てる本―お母さんはおうちの小児科医』（1990, PHP研究所, 共著）
『育ち直そうとする子どもたち』（1996, 特集不登校を考える, 日本生活医学研究所）
『よく遊び手伝いもよくしている子はキレにくい』（2001, 医学書院「公衆衛生」第65巻）　その他

新開英二（しんかい・えいじ）

1950年、大分県に生まれる。
福岡大学法学部法律学科卒業後、ジャスコ（現イオン）、産業教育関係の出版社勤務を経て、
エイデル研究所設立に参画。
現在、エイデル研究所取締役出版部長、園と家庭を結ぶ保育誌『げ・ん・き』編集長。

メールアドレス　shinkai@eidell.co.jp

【主な著書等】

『読み聞かせでのびる子ども』（1993, エイデル研究所　共著）
『おもちゃの選び方与え方』（1993, エイデル研究所　共著）　その他

見直そう子育て　たて直そう生活リズム　～リズムとアクセントのある生活を求めて～

2003年9月30日　初刷発行	編　著　者	佐野勝徳・新開英二
2004年10月30日　2刷発行	発　行　者	大塚智孝
	印刷・製本	中央精版印刷株式会社
	発　行　所	エイデル研究所
		102-0073 東京都千代田区九段北4-1-9
		TEL 03(3234)4641
		FAX 03(3234)4644

© Sano Katsunori, Shinkai Eiji
Printed in Japan　ISBN4-87168-364-8 C3037
日本音楽著作権協会（出）許諾第0310587-301

保育かわらなきゃ
かわらなきゃ編・子ども理解編
赤西　雅之　　　　　本体1714円

時代とともに、ますます便利になっていく保育環境。しかし肝心の子どもにとってはどうだろうか。変わらなくてはならない〈保育〉、理解しなくてはならない〈子ども〉について一歩一歩解説してくれる。

遠野のわらべ唄の語り伝え
人を育てる唄
阿部　ヤヱ　　　　　本体2095円

遠野に生まれ、遠野で育った筆者が、代々語り継がれてきた語り伝えを忠実に文字化した。わらべ唄は子どもたちに「大きくなれよ」「賢くなれよ」と願いながら語った人育ての唄である。

遠野のわらべ唄の語り伝え2
呼びかけの唄
阿部　ヤヱ　　　　　本体2095円

わらべ唄の語り伝えシリーズ待望の2冊目。〈呼びかけの唄〉は春夏秋冬を通して、その季節の自然に対して呼びかけてうたわれる。やさしくて思いやりのある子に育ってほしいと願い、うたった唄である。

家庭崩壊　学級崩壊　学校崩壊
松居　和　　　　　　本体1429円

親たちは「子育て」を基盤に人間らしさを身につけてきました。その機会を奪うと、社会からモラルや秩序、忍耐力が消えていきます。親の役割を教育機関や福祉がしようとする時、家庭崩壊が始まります。

おかあさんデザートに本読んで
三たび子育てに絵本を
山崎　翠　　　　　　本体1311円

子どもが親や大人に本を読んでもらうことは、食後のデザートのように楽しくうれしいひととき。読み聞かせることが、子どもの何を育てているのか。

読み聞かせでのびる子ども
『げ・ん・き』編集部　本体1262円

子どもの将来に不安を持つ大人たちの中に、早期教育という言葉があります。幼児期にふさわしい生活とは、大切なものとは何でしょうか。

プーおじさんの子育て入門
柿田　友広　作　　　本体1500円
相沢　康夫　絵

良いおもちゃと良い絵本は子育てを楽にしてくれる。両者は子どもがうつる鏡だと主張する筆者が、日常の子育てのあり方を分かりやすく、ビジュアルに書いた書。『好きっ！』の姉妹書

絵本と保育
読み聞かせの実践から
梅本　妙子　　　　　本体1311円

教えない、評価しない保育がある、それが「読み聞かせ」である。絵本嫌いな子どもは一人もいない。読み聞かせの時の子どもたちをみていれば、それがよくわかる。読み聞かせの積み重ねの中で、子どもは自由な発想を育てる力を養う。

いい家庭にはものがたりが生まれる
落合　美知子　　　　本体1262円

親と子が共に体験し、感動する―それは親が読み聞かせする絵本やおはなし、わらべうたが育んでくれるもの。子どもにとって最高の原体験となる。

子育てに絵本を
山崎　翠　　　　　　本体1000円

いま、失われかけている「ことばの心」を伝えます。子どもたちに絵本を読み聞かせる時間がありますか。

続・子育てに絵本を
山崎　翠　　　　　　本体1262円

正編に続く実践書。『いのち・ことば・へいわ』を育むことを、豊富な体験から愛情をこめて語っている。そして絵本は大人にも必要であると説く。

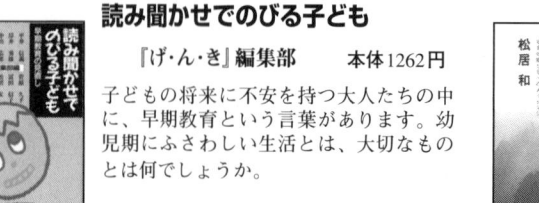

21世紀の子育て
松居　和　　　　　　本体1714円

子育てに幸せを感じるためには、どういう生き方をすればいいのか。混沌とした社会の中で、今、見直さなければならないことは何か、幸せの源は何かを熱く語る。20年先を見通した、こんな子育てしてみませんか。

子育てルネッサンス
　　今を問い　子どもを考える
　　　長谷　光城　　　本体1553円

不登校、いじめ等の問題の芽は、幼児期の育ちにみられる。福井県の二つの園での保育は、子どもの本質に根ざしたものを再生させる実践である。掲載の生き生きとした子どもたちの姿と絵に圧倒される。

これからの保育
　　幸せに生きる力の根を育てる
　　　岸井　勇雄　　　本体1571円

学校で伸びる子を育てるには、乳幼児期に太くしっかりとした根＝人としての基礎を作っておかなければならない。親子で絵本を楽しみ、信頼の絆を強くしていくことから、幸せに生きる力が出来てくる。

障害児保育の考え方と実践法
　　障害児を受け入れる保育環境とは
　　　辻井　正　　　　本体1456円

障害のある子どもを理解し、保育現場で困らないために「保育環境ノウハウ」「発達上のつまずきを見つけ援助する方法」等、何をなすべきかを豊富なイラストと写真を付けて、すぐに実践できる書にした。

子どものよさを活かす
　　　河合隼雄　子安美知子
　　　松居直　遠藤豊吉　　本体1000円

子どものエネルギー、輝き、感動体験を育むには、大人は何をしなければならないか。それぞれが語る言葉は、読む人の心に静かながら強くいつまでも響いて残る。

一年生になるまでに
　　遊びにっこりことばはっきりえほんたっぷり
　　　井上　修子　　　本体1311円

1年生になるまでに必要なレディネスは、①人の話を聞く②人と話すことが出来る③考えを人に伝えることができる自己表現力。長年、小学校1年生を担任してきた著者が、そのノウ・ハウを伝える。

子育てのゆくえ
　　　松居　和　　　　本体1456円

育児不安・幼児虐待が増加している。先進国といわれる国々が、同じ問題を抱えている。アメリカの例を紹介し、日本の家族、地域、社会のあるべき姿を提案。アメリカの現状から、これからの日本の学校と家族が共存する可能性を追求する。

好きッ！
　　絵本とおもちゃの日々
　　　相沢　康夫　　　本体1305円

毎日、わが子たちに読み聞かせをし、ほんもののおもちゃで遊んでいる父親が書いた、飾らないエッセーとまんが集。これはすぐに「わが家」でもやれる！と好評。

まだ好き…
　　続・絵本とおもちゃの日々
　　　相沢　康夫　　　本体1524円

好評のエッセー・まんが集「好きッ！」の続編。おもちゃと絵本という〈道具〉を使い、子育てを少しでも楽に、そして愉しくする為の提案書。特におもちゃ好きには必見。

生きる力を育むわらべうた
　　　『げ・ん・き』編集部　編　本体1429円

わらべうたの紹介と実践者による解説。言葉や仕草を使った愛情表現であり、青少年期により大きな人として育つための、人生の入り口であるわらべうた。家庭や園・学校、そして地域で保育に携わる方必読の本。

朗読をあなたに
　　　冨田　信子　　　本体1311円

幼かった頃、家庭や学校で声を出して本を読んだことがあっただろう。声に出すことで、間違いか否かを確認したり、記憶を定着させる効果があります。幼ければ幼いほど、声を出して読んであげたり、語ってあげることが大切。

大人への児童文化の招待・上
　　　河合隼雄　工藤左千夫　本体1456円

親は愛情をつきることなく注ごうとする。しかし本来、親子関係の貸し借りはゼロのはず。ほんのちょっと親が接し方を変えてみたら……。

大人への児童文化の招待・下
　　　神沢利子　佐野洋子　たかしよいち
　　　松居友　加藤多一　柴村紀代
　　　　　　　　　　　本体1456円

北の風土とファンタジー・生と死をきちんと伝えたい＝神沢利子／たかが文学されど子ども＝佐野洋子／マンモスの悲劇・最後に信じるのは人間の善意＝たかしよいち

情報化時代の子育て
西村　辨作　　本体1500円

人類が脈々と引き継いできた子育ての方法やプロセスの中に現代文明の力が入ってきている。テレビやファミコンは幼い子どもの発達にどう影響を及ぼすのか、なぜ読み聞かせがいいのかなどがよく理解できる。

子どもの自由世界
赤西　雅之　　本体1262円

子どもは何を感じて、何を考えているのか、何をしようとしているのか。本書は「子どもの心の中」をのぞくことができる。

こころの育児書
思春期に花開く子育て
原田　正文　　本体1748円

子育ての結果は思春期に現れる側面がある。意欲ある、心豊かな人間に育てるためには、乳幼児からの積み重ね、適時性などの心の発達の法則がある。今、必要なのは「体の育児書」よりも、「心の育児書」だ。

語りを現代に
ことばで　はぐくむ子どもの世界
矢口　裕康　　本体2381円

親から子へ、子から孫へと語り継がれてきた口承文芸が、子育てに果たしてきた役割は大きく、それが途切れてきた現代にこそ語ることが大切である。

子育て・子育ち・生活リズム（乳幼児編）
佐野　勝徳　　本体1000円

生活リズムの確立で、楽しく豊かな子育てを。1日24時間を視野に入れた子育てと子育ちについて、親と先生が学び合い、語り合うための本。

中川志郎の子育て論
―動物にみる子育てのヒント―
中川　志郎　　本体1165円

知的早期教育の前にすべきことは、母と子の絆を強くし、信頼関係を醸成すること。そこから学習（躾）があり、教育がある。

佐々木正美の子育てトーク
佐々木正美　　本体1429円

連日のように報道される青少年の事件。成長の過程で、彼らに何が不足していたのでしょうか。見えるようでなかなか見えない幼い子どもたちの心模様、心豊かな子に育つための生活のヒントを説く保育者必携の書。

機微を見つめる　心の保育入門
山田　真理子　　本体1571円

現代は、「心の保育」がほんとうに大切。興味をもって、つぎつぎ読みすすんでいるうちに、読者の心も豊かになって、私も「心の保育」をこんなふうにやってみようという気持ちを起こさせてくれる…
（河合隼雄氏推薦文より）

のびる子どもの生活と勉強
子育て・子育ち・生活リズム・小学生編
佐野　勝徳　　本体1165円

子どもに重くのしかかっている様々な問題を取り除き、子どもは本来の姿を取り戻すために、大人は何をなすべきか。

絵本のオルゴール
おかあさんわたしのこと好き？
さいとう　あきよ　　本体1456円

三人の子どもたちが眠りにつく前に、静かに心をこめて読み聞かせをつづけたら、お母さんも子どもたちも幸せになって、子育てがとっても楽になった……すぐに実践したくなるエピソードがいっぱい。

アレルギー、小児成人病にならないための子育ての知恵
真弓　定夫　　本体1262円

「氣・血・動」という三つの観点からの子育論。〔氣〕とは、病気・元気の「気」、〔血〕とは食べ物、〔動〕とは遊びです。子育てとは、決して難しいものではなく、日常体験を通しての生活の知恵から学ぶものなのです。

おもちゃの選び方　与え方
『げ・ん・き』編集部　　本体1311円

良いおもちゃは、生きる力となる知識や技を育む場を提供してくれます。だからこそ、本当に良いものを選び与えなければならない。